# 夢想起飛：
## 全方位大學生活規劃手冊

施建彬　著

# 目　錄

**7 生涯規劃篇**

# 作者簡介

## 施建彬

### 學歷

英國牛津布魯克斯大學心理學博士

高雄醫學院行為科學研究所心理學碩士

高雄醫學院心理學系理學士

### 經歷

大葉大學學生事務處學生發展輔導組組長

衛生署南投區心理衛生中心執行委員

高雄市張老師中心義務張老師、督導

交通大學 2006 學生票選最佳兼任教學及最有人氣通識

教師

### 現任

大葉大學休閒事業管理學系暨研究所助理教授

大葉大學學生事務處學生發展輔導中心輔導老師

交通大學通識教育中心兼任助理教授

# 序 PREFACE

　　從開始構思到完成這本書，經歷了許多人生及思想上的轉折。然而，始終不變的，是那股渴望與大家分享如何度過大學生活的心情。回想自己過去的人生路程，竟然有將近一半歲月是在大學之中度過，而在未來的生涯規劃藍圖中，似乎也與大學的相關事務脫不了關係。能夠在大學中做自己喜歡的研究，在課堂中教書以及在課後與同學分享對學術及生活的心得，對我而言，是人生夫復何求的幸福。大學不僅是我生命中最重要的生活場域，也是我無怨無悔的最愛。有時回想起來，也很訝異自己對於大學生活的依戀。或許就是過去的大學生活經驗太過美好，在我心深處時常有這樣的想法，希望與大家分享自己的心得，能夠幫助每位大學生創造屬於自己的甜美回憶。

　　隨著經濟條件的改善及社會文化的進步，台灣的高等教育環境也出現相當多的變化。許多新大學的成立以及專科學校的紛紛改制，對年輕朋友而言，取得大學學歷不再是一個遙不可及的夢想，而取得大學學歷也成為台灣父母親對子女最基本的期待。然而，當進大學成為一種全民運動的同時，年輕學子的臉上似乎出現更多的疑惑與迷惘。有相當多的同學在選擇進入大學就讀之前，並沒有真正地靜下心來仔細思考自己為何選擇進入大學，並且直覺地把大學生活當成是高

中生活的延續，是銜接求學與社會生活的必經階段。當抱持
這樣的心態進入大學就讀時，往往會錯失了大學生活一些精
彩的部分，甚至會覺得身旁出現許多難以理解的事務；事實
上，大學生活與高中生活相當不同，在開始準備成為一個大
學生之前，是需要一些時間來預先思考並進行準備。

　　這本書的最主要目的，除了希望能與大家分享這幾年我
在大學中從事教學與輔導的工作經驗外，也希望能夠幫助還
沒有進入大學就讀的青年朋友勾勒出未來大學生活的藍圖，
並為它預作準備。當然，對於已經在大學中就讀的朋友們，
也希望這本書的內容可以提供他們一些不同的思考觀點與一
些新的生活方向。雖然，利用四年的時間取得一張文憑及足
夠的專業技能，為未來的人生取得一個基本的保障是一件非
常重要的事情，然而，如何踏實地去走過這個過程，讓自己
全面性地去體會生活，並為未來的日子做好規劃，是四年大
學生活中不應該忽略的事情。

　　時間流逝的快速超乎想像。大學生活如果沒有做好事前
的規劃與準備，往往會有一種一瞬即逝的感受。我衷心期望
這本書中所提供的想法與概念，可以幫助青年朋友把握這個
人生的精華階段，為自我尋找一個定位，並且開始建築自己
的夢想，在大學生涯結束之後，能夠帶著充分的自信心，向
未來的理想勇敢邁進。

施建彬

01.06.2006

第 1 篇
總論篇

# 啓程：為大學生活尋求動機

每年看到新同學來到學校報到時，總想對他們說聲：「恭喜，辛苦了！」

對於我這樣的想法，朋友總是開玩笑地說：「有什麼好辛苦？現在唸大學太容易了！街上一個招牌掉下來砸到十個人，兩個是大學在學生，三個是大學畢業生，其他五個想要申請入學。」

是的，這句話沒錯。隨著台灣高等教育的普及化，大學的門檻確實降低許多。然而，在入學之前，每個學子所歷經的挑戰與煎熬，卻是和過去一樣地令人心力交瘁。大多數的學生都像是歷經沙場百戰的老兵，帶著身心雙重的疲憊來到大學報到。很自然地，許多大學新鮮人，在通過重重的關卡與試煉之後，總是期待能夠過著一種沒有外在約束、盡情享受生命，自由快樂、無拘無束的生活。

但是，大學的生活並不像想像中那麼地輕鬆愉快。入學限制的放寬，也不代表畢業這個終點的必然來臨。大學四年，其實存在許多的試煉。

在這四年中，會有許多的第一次發生。這些第一次往往發生地那麼突然，那麼地難以想像，那麼地具有挑戰性，甚至是那麼地難以應付。這些第一次可能是：第一次離開家

人，獨立生活；第一次參加社團，學習課本以外的知識；第一次徹夜不眠，與朋友一起夜遊；第一次談戀愛，嚐到愛情的滋味；第一次使用原文書上課，了解到自己語言能力的不足；第一次接觸專業知識，發現一個一輩子值得努力的新境界；第一次出外打工，體會自力更生的壓力……。有太多太多新的人生初體驗將會發生在大學生活中，而這些試煉也將重複地出現在未來生活中。

大學生活正巧就是這樣一個充滿人生重要關卡挑戰的時期。但是，在一個智育掛帥，上大學成為全民運動的年代中，這些問題並不是非常受到重視，甚至被大家所忽略。但諷刺的是，學生是否足夠成熟，具有一定的智慧可以順利地通過這些生活上的試煉，往往是學生可否順利完成大學學業的重要變數。

這就是為什麼我想要對大學新生說聲：「辛苦了！」的原因，因為在未來的大學生活中，他們將要進入一個更複雜的人生階段，學著在最短的時間內做出判斷以及正確的抉擇，並承擔起應負的責任。

大學之路是一條辛苦而漫長的道路，隨波逐流，或者是為了別人而來，是無法順利完成學業。甚至當你站在終點前，心中反而充滿更多的迷惑。唯有真正喜歡並享受到學習的樂趣，你才能體會到大學生活的真諦。

或許在啟程之前，每個人都應該靜下心來，張開雙眼預

先了解大學生活所將面臨的挑戰，仔細思考未來應對的策略，為自己找到完成大學學業的好理由。只有這樣，才能在身陷困境時，從容應對所有挑戰，跟隨最初的感動與夢想，去感受人生寶貴的大學經驗。

　　有動機，行為才能持續，終點才有來臨的一天。

🔆 施老師的叮嚀：

　　來自於內在的熱情，才能讓自己的大學生活充滿意義！別忘了，進大學前，要先找出屬於自己的動機，才能真正地享受大學生活！

# 選擇一個適合自己的大學

對還沒有踏入大學校園的新鮮人而言，大學生活好像具有一層神祕的色彩。許多高中學生共同的疑問往往是：「大學生活在做些什麼？在大學中可以學到什麼事情？」

或許是我們的教育制度讓學生習慣於接受外在環境對他們的安排，多數的同學將對學校的選擇權交給家長、老師、補習班，甚至是考試的結果。大家卻忘了，隨著教育體制的多元化，各所大學也開始分化出不同的教學特色與發展方向。而這些教育理念隨著學校的硬體環境、決策階層的行事風格，所聘請老師的素質及研究能力都會出現不同的差異，因此，兩個擁有相同名稱的學系，給予學生的訓練可能極為不同。

有許多同學在進入大學之前並沒有充分掌握這些資訊，直到開學之後才赫然發現，所選擇的學校與科系並不如想像中那麼的理想，而開始不停地怨天尤人，整天生活在懊惱之中。這些負面的情緒不但干擾求學生活，也影響了人際關係以及生活的樂趣，使得自己的潛力無法獲得最佳的發揮，浪費了大學寶貴的求學時光。因此，創造一個能夠讓自己快樂學習的環境，在進入大學就讀之前，謹慎地選擇一所適合自己的學校，是一件非常值得去做的事情。

　　該怎樣選擇一所理想並且適合自己的大學呢？大學是一個由師生所聚合而成的學術機構，主要的理念在於真理的追尋、豐富的學術教學、嚴謹的科學學術性研究，以及具有創造性的文化生活，都是大學生活的要件。因此，一所好的大學，在研究環境的塑造上，不僅尊重老師在學術上的獨立自由，也鼓勵老師進行更高深的學術研究，並重視在這方面的成效；在對學生的教導上，除了重視傳授知識的專精與博雅之外，也重視品德的陶冶培養；在校園環境的塑造上，除了舒適的校園硬體環境之外，文化生活的重視以及社區責任的承擔更是一所好大學不可或缺的要素。這些都可以作為同學在選擇大學科系前參考的一個基礎評量點。

　　至於該怎樣實際去進行大學優劣的評估呢？除了各校主動提供的書面資料，像是大學網頁、招生資料的蒐集外，近年來，各大眾傳播媒體對大學所進行的評鑑也可以提供一定程度的訊息，而教育部對大學的定期評鑑更可以提供公正且客觀的資料。

　　另外，校友的意見也是相當好的參考資料來源，尤其是在校園生活及文化方面，往往可以提供許多寶貴，無法呈現在書面上的資訊。但是，更重要的是，在自己心目中選定一些心儀的學校之後，別忘了抽空親自去走一走，逛逛校園，了解一下環境是否具有安詳學習的氣氛；到系上參觀一下，了解師資設備是否充足；也別錯過圖書館，看看圖書期刊是

否夠多夠新。別忘了，一所好大學是不會拒人於千里之外的！

施老師的叮嚀：

　　與其接受分數落點的安排，不如在選填志願前，花點心力蒐集資料，甚至到一些可能錄取的學校去實地走走看看，再選擇一個自己所喜歡的大學！這樣的動作雖小，卻可能對未來的大學生活適應產生非常正面的幫助！

# 大學生活樂無窮

　　當確定自己唸大學的動機，並且為自己選擇一個喜歡的大學環境之後，恭喜你，你已經有了一個非常好的起步。接下來，請準備接受大學生活的洗禮。

　　對許多未曾有緣參與大學生活的人，相同的好奇與疑問是——「大學生到底在做些什麼？」

　　雖然在不同的年代中，學生有不同的生活模式與學習內容，但「大學必修三學分：學業、社團、愛情」這句在校園中廣為流傳的話，卻可以點出大學生活的重心所在。

　　個人的價值觀會影響個人的大學生活經驗，但無庸置疑地，大學生活的主體仍是以學習為中心。回溯大學的本質，它是一個以追求真理為主要活動的小社會，設立大學的主要目的是希望能滿足人類對知識的熱情追求，很自然地，學業成就便成為這個環境中最被稱頌與重視的事項。

　　有許多學生在還沒進入大學前會被灌輸一個錯誤的觀念：「University　就是由你玩四年」，再加上國民教育及高中的長期學習疲乏結果，許多同學抱著休息兼玩樂的心態在期待他的大學生活，希望在大學中可以好好地放鬆一下，享受自由自在的生活。

　　然而，大學的學業相當緊湊，需要花費大量心力才能跟

上學校所設計的課程。抱持著輕鬆心態唸大學的同學在面對學業壓力時，常常會感到適應不良，甚至對學業產生排斥的現象。因此，在進入大學前一定要做好心理準備。大學是一個學習新知，為未來生活作準備的地方，休閒與玩樂雖然重要，卻比較適合安排在課餘閒暇的時候，千萬不要將這個重要順序給弄錯了。

此外，許多的同學常會低估大學課程的難度，認為可以用自修學習的方式通過考試，因此，當自己覺得身心狀況不佳的時候，常常會選擇蹺課而去做一些自己想做的事情。然而，課堂是一個提供師生互動機會的場合，在課堂中，老師所分享的重要學習經驗與技巧，都是從課本中無法獲得的資訊。而上課的主要目的也在於將一個複雜沈重的學習進度平均分配到一定的週數中，避免在考試前累積過多的學習壓力而無法負荷。試著不要缺課，跟著老師所規劃的學習進度學習，是保持學習效率的一個重要方法。

另外一個需要在學習心態上進行調整的部分是：有許多同學希望以最輕鬆的方式通過所修的學分。因此，在選課的時候常會選擇所謂的營養學分，而不是自己最需要學習的學分。希望以最少精力獲得最高的分數是人性的一部分，然而，過度選修營養學分卻會打亂個人的學習計畫。了解大學的人就會知道，成績單上的高分其實並不具有太大的意義，更重要的是從學習的過程中所獲得的東西。大學只有一次，

過了是不會再回來的，享受學習的樂趣比通過考試更為重要！

在大學的學習生活中，除了專業知識，也會學到與人生有關的藝術、哲學、語文、法律、歷史等等成為一個現代公民所需要具備的種種學識與素養。只要抱持著開放的心，不排斥接觸陌生的知識，相信一定會有一個豐富愉快的學習之旅！

最後，所要提醒的事情是，一個成功的大學生，除了能在學業上追求卓越的表現之外，也必須學習著兼顧自己的人際關係，並且培養出一些能夠讓你一輩子喜歡並且投入的嗜好與興趣。大學生活是未來生活的縮影。在人生中，沒有任何一段時間會像現在這麼完整到讓一個人可充分地探索自我，並且發展自己的興趣。在後面的章節中，將會分別與大家討論人際關係、課外活動，以及自我概念的重要性。唯有兼顧這些領域，大學生活才會真正地多彩多姿！

施老師的叮嚀：

　　大學的生活絕非只有課業而已，它是一個多元學習的生活領域。學業是大學生活的主體，建立正確的學習態度，將對未來的大學生活具有事半功倍的效果。但除此之外，在各個領域中的用心學習，將會更豐富你未來的人生！

# 成為一個真正的大學生

當進入大學中，一個非常需要出現的自覺是：「我是一個大學生，我跟高中生是不同的！」

這個自覺出現的重要性是因為大學生活與高中生活的差異非常大，如果在心態上沒有做好調整，進入大學之後的適應就會變得非常困難。

高中與大學的主要差異在於生活的控制選擇權已經開始還給個人。在生活上，大學生被要求更多的自我打理照顧；在課程的學習上，學生會擁有更多的選擇權，可以依照個人的生涯規劃選修喜歡的課程以及必要的課程，也可以選擇喜歡的老師接受指導；在人際關係上，也有更多的交友選擇存在。雖然每個人都會與一群人同時進入一個系級，但這並不意味著這群人必須從進入校門就生活、學習在一起。在大學四年結束之後，同班同學所受的訓練不一定完全相同，甚至你會訝異彼此之間的差異竟是如此大。

因為大學不再像高中一樣以單一的標準要求個人，在大學中，將會感受到多元價值並存的衝擊以及獨立自我存在的快樂。大學與高中就是這麼地不同！而這些事情也提醒我們，大學是一個複雜的環境，需要具有更高級的認知能力才能夠生活在其中。因此，在心態上一定要做好準備與調整，

這裡真的與高中不一樣！當你的心中一直懷念高中那段已經逝去的美好單純時光時，就無法放開心胸學習，真正地去融入這個環境，去享受它所帶來的樂趣。

另外，在享受更多權力的同時，這也意味著更多責任的承擔。在大學的環境中，具有許多選擇，在得與失之間充滿了矛盾與痛苦。有時候，會讓人想逃避去做選擇。一旦做出選擇之後，也會懷疑自己所做的選擇是對或是錯，甚至希望有一個可以依賴的對象來幫你逃脫做選擇的衝突與矛盾。但是，只有在經歷這些痛苦與矛盾之後，成長的喜悅才會出現，放棄這些痛苦的試煉，同時也放棄了獨立成熟的機會。

從這些提醒裡很明顯地知道，大學裡的學習，絕不是一種專業知識的培養而已，更重要的是人生態度的學習。一個需要謹記在心的事情是：上天是非常公平的，在人生的過程中，每個人都將面對一個又一個的困境。有些人會從失敗中學會新的事物，將危機變成下一次面臨困境時的轉機；但有些人卻是不斷累積挫折經驗，讓生活中的不順遂，成為下一次失敗的潛在因素。大學是一個非常適合修煉自己個性的環境，在挑戰與困境中，你將建立起一些面對未來人生困境的方法與策略，而大學也相對會提供許多的協助，讓你具有信心，可以勇敢面對未來的人生。

要成為一個真正的大學生，在心態上需要一些調整與準備。高中的往日時光已經不再，剩下來的只是一些美麗的回

憶！好好收藏起這些珍貴的記憶，坦然接受大學是一個完全不同的環境。勇敢地開放自己，接受全方位的挑戰，學習獨立自主的精神。記得要活在當下。只有努力地過完今天，有個紮實的大學生活的人，才能為未來生活創造出更美好的願景。

💡 施老師的叮嚀：

　　大學生活與高中生活有許多不同的地方。要記得用開放的心胸，在課業、生活以及自我的成長上，重新用心學習。

# 第 2 篇
## 學業篇

# 良好的學習心態

大學課程與高中課程的不同，除了在專業科目上，隨著不同科系而出現極大的特異性外，在難度上，也具有極大的挑戰性。最明顯的一個特徵是在課程中大量使用原文書。隨著台灣教育環境國際化的腳步日漸加快，有一部分的大學課程也已經開始以英文授課，很明顯地，過去高中時期所建立的學習技巧，已經不足以應付大學課程。因此，在學習心態上的調整，對於成功完成大學學業而言，是件非常重要的事情。

第一個需要調整的事項是擺脫依賴老師畫重點以及應付考試的被動學習心態。大學知識的傳授並不單單只在於協助同學通過考試這樣的狹隘學習目標。大學教育目的在於培養具有專業知識的現代公民，所學習的是一種高等認知活動能力，以協助同學建立日後在職場及未來人生上靈活運用知識的統合能力。期中與期末考試只是一個評估同學學習狀況的階段性目標，決不是學習的主體，千萬不要混淆了學習的目的。

第二個需要調整的心態是，有許多同學為求速成或是應付考試，過度依賴老師的上課講綱或是同學、學長姐所撰寫的筆記，而沒有閱讀教科書的習慣。這是一種非常危險的不良學習行為。大學中所教授的專業課程背後存在一個龐大的

知識體系，受限於上課的時數，授課教師只能選擇重點進行提綱挈領式地講解，大部分的細節是無法在簡要的課程講綱中完整呈現，這部分需要同學由教學材料上自行學習。因此，在上課之外安排特定時間對指定教材進行研讀，是大學生不可逃避的學習義務。

抱持一個開放心胸看待課程，並隨時連結過去的學習經驗於現階段課程中，是另一個值得建立的積極學習心態。由於課程銜接的問題，有一部分的同學可能在某種情形下發現自己曾修過某些類似的課程，而在這些課程中有許多大同小異的學習重點，因此，一旦發現自己可以輕鬆應付這些課程，便容易在課堂中出現懈怠輕忽的心態，甚至會與過去的學習經驗進行比較，質疑授課老師的教授內容。在這裡要強調的是：辯論與質疑是大學學習中非常重要的一環，要求更好的學習品質也是同學應有的權益，但是要小心的是，不要讓這樣的心情干擾了學習的樂趣。類似材料的重複學習將有助於增進對該領域的了解及掌握，並協助同學在其他進階學科上面的學習，因此，不斷地將舊的學習經驗與現在的課程作一個妥善的連結，你將會發現自己知識的廣度與深度都會出現長足的進步。

此外，不受外在環境一些既有的成見影響，是獲致大學學業成就的一個重要學習心態。在台灣的大學中常會有一些口耳相傳、經驗傳承的狀況發生。許多同學在還沒有上課之

前就受到過去學長姐修課經驗的影響，形成某些課程很困
難，不容易學習，或是老師個性非常刁難，會當掉大多數修
課同學的畏懼心理。當然，學長姐的提醒是一種好意，也是
修正學習策略和心態的重要參考，但不要被這些資訊中的負
面訊息所影響。在社會心理學的研究中曾發現「自我預期證
言」的狀況：當你期待某些事情的發生，在日後這些事情就
真的會發生。一般而言，當學生對某些科目產生很困難的刻
板印象時，就會覺得該科目的內容非常難以理解，而一旦難
以理解的狀況產生，容易誘發恐懼驚慌的感受，所願意投入
的學習時間與精力也相對減少，在這種情形下，自然無法體
會學習的樂趣並增加了重修的危險機率。要記住，每個人的
學習經驗都是一種獨特的個人經驗，不見得可以類化到其他
人身上。因此，以一種輕鬆不具成見的學習心態來謹慎面對
課程的挑戰，將可以幫助同學通過課程的考驗。

施老師的叮嚀：

　　大學的學習並非為了應付考試，更重要的是建立
基礎的知識體系，讓自己成為學習的主體，享受主動
學習的樂趣，在一步一步慢慢累積的過程中，建立專
業的自信。沒有任何的事情是可以一蹴可及，有多少
的投入，才會有多少的收穫。要知道，紮實不投機是
通往學習成功的必要條件。

# 學習計畫的訂立

由於大學的學習比高中的課程更有彈性，也更重視個人的特異性，因此，為自己的大學求學生涯訂定學習目標，並建立學習計畫，是提升大學學業品質應該要做的事。一個好的學習計畫可以幫助個人有秩序地在特定的時間中完成自己所想要達成的學習目標。

一般而言，系所都會制訂一份修課計畫表提供同學參考。只要遵循這份課程建議表選修足夠的課程，並通過任課教授對課程的要求，同學們都可以在四年中順利地完成大學學業。然而，這份建議表只提供了系所課程的大致內容以及修課的順序性，它無法幫助個人針對不同的學習興趣提供個人化的建議與服務。再加上每個學生在修課時可能都會遭遇到不同的學習困難，一旦有些課程沒有辦法按照原訂計畫通過，必須在下一學期或學年重修的情況下，這份修課計畫就可能不符合個人的特殊學習狀況。因此，建立自己特有的學習計畫，以協助自己保持一定學習進度，是順利地完成大學學業必備的能力。

何時該開始訂定計畫呢？在進入大學之後，開始選課之前，最好就要開始著手訂立。在訂定一份可行的大學求學計畫上，必須要注意以下幾個要點：

　　第一，要針對未來所要學習的課程進行資訊蒐集。所蒐集的資訊包括：這個系所開設哪些必修學分及選修學分？它們會開在第幾學年？彼此之間是否存在著擋修的關係？修課計畫表中的課程是否每年都會開？如果是每隔一段時間才會開課，它將可能是在什麼時候？唯有完整地得到這些資訊，才能根據課程的開課時間及課程性質，排定選修必修課程的優先順序，並在眾多的選修課程中選定自己感興趣的科目，依照這些不同課程的特性，合理地安排一個有效率的學習計畫。

　　第二，學習計畫本身要盡量簡單容易遵循，並且配合個人能力狀況，設定可以實際達成的學習目標。最佳的狀況是在大學生活的前期，盡量把必修的通論性及基礎性課程修完，這些基礎知識可以幫助我們在未來選修進階性的課程時，具有良好的知識基礎來理解更為深奧的學問。而大學後期，則以選修課程作為學習主體，這可以減輕修課不能被當的心理負擔，也可以為未來個人特殊發展預作準備。

　　第三，不要做超乎自己能力的事情。通常必修學分攸關同學基礎能力的建立，授課教授會要求同學投入一定程度的時間精力以確保學習的效果。因此，如果在一個學期中安排太多的必修學分時，常會造成過度負荷、學習品質下降的情形發生。與自己的導師或是已經修過相關課程有經驗的學長姐談談，以了解自己的學習計畫是否確實可行，有助於提升

計畫的完整性。

　　第四，透過落實課程學習來確實執行學習計畫。這部分可以透過固定的課程出席、定時分散學習等技巧來達成。這些學習技巧將在下一個章節中討論。但是，一個很重要需要特別指出的事情是，我們必須養成習慣在固定的時間點上，進行學習成果的評估。人極容易受到惰性的影響而鬆懈，這也造成計畫與現實之間的落差。因此，一旦計畫訂定出來，要試著全力以赴，努力執行，設法達成預定的學習目標。而在固定的時間點上評估自己的學習狀況，是調整學習習慣的重要依據。通常同學習慣以期中考成績作為課程學習評估的指標，但這是一個非常危險的習慣，因為期中成績的發布已經對期末分數產生決定性的影響，無法提供預警的功能。因此，建議同學應該提前進行學習的評估，最好在開學後固定每個月進行一次學習狀況評估，以確實掌握自己的學習進度。

　　最後，當自己發現過去所做的學習計畫受到某些因素的影響，已經無法按照原訂時程表進行時，不要氣餒，也不要被那些無謂的挫折感打敗，而放棄所有的計畫與目標。在這種情形下，心情低落是正常的現象。在心情回復平靜之後，應該要冷靜地坐下來重新思考，就現況重新擬定新的學習計畫，隨著一次又一次的經驗累積與修改，一個最終合理可行並且適合自己、獨一無二的學習計畫將會被擬定出來，而這

個計畫也會在未來引領我們，順利完成大學學業。

 施老師的叮嚀：

　　大學的學習是必須要隨時擬定計畫並且按部就班執行。所有計畫最好設定固定的時間點，按照自己的能力與學習的狀況進行調整，並且堅持到學習生活結束為止。

# 學習技巧的建立

要順利完成大學學業，良好學習技巧的建立是非常迫切需要的事情。

第一個優先建立的學習技巧是，「上課前的預習習慣」。有許多的調查指出，大學生蹺課的主要原因是因為聽不懂老師上課的內容。由於大學課程的難度相對提高，對初次學習相關課程的學生而言，的確造成相當大的挑戰。有許多的同學會因為無法聽懂上課的內容而對到校聽課感到興趣缺缺，隨著蹺課次數的增多，會越來越跟不上學習的進度而面臨被當的厄運。要解決這樣困境的一個重要技巧就是上課前的預習。通常預習地越仔細，所具有的背景知識越多，所能聽懂的機率相對提高，也對日後的學習有更多的幫助。

第二個優先建立的學習技巧是，「集中注意力在上課時候專心聽講」。有許多的同學在聽課的過程中常會分心神遊，出現人在課堂心在外的發呆現象。由於大部分教授都會在每次的課程中提供大量的學習資訊，只要些微的分心就會讓你跟不上眼前課程的內容。因此，要記得集中注意在授課教師的上課內容，若有不懂的部分立刻提出發問，不要讓你對課程內容的疑惑成為困擾專心上課的干擾因素。

第三個優先建立的學習技巧是，「養成動手抄寫筆記的

習慣」。從記憶的原理來看，一個人在學習新的事物時，需要經過不斷有效的整理課程內容，與舊知識進行比對以及多次複誦的冗長經過，才有可能建立新的知識。透過獨立抄寫筆記、學習整理知識系統，是邁向專業知識成長非常重要的一步。在筆記的撰寫中，除了可以建立一份有效協助記憶的學習大綱之外，往往也能得到知識頓悟的樂趣。如果能夠在大學的學習過程中建立這樣的能力，將會一輩子受用無窮。

第四個優先建立的的學習技巧是，「課後立即複習並詳讀教科書相對應的內容，分散學習壓力」。有許多同學習慣累積課業直到期中期末考前的一至二週才開始準備考試。所造成的困擾往往是在非常短的時間中要消化非常多的學習教材，因此養成開夜車等急就章的不良唸書習慣。而這些唸書方法的效率非常地差，在考試之後，所有的辛苦吸收的知識就會被遺忘殆盡，長期而言，無法建立學習的自信心，也讓自己在考前暴露在不健康的心理壓力中。因此，學著在下課後，對課堂所學知識印象仍然非常深刻的時候，立即進行指定教材的研讀，不僅可以收到最佳的學習效果，也有助於日後知識的累積。

第五個優先建立的學習技巧是，「讀書重點的標示與背誦」。在讀完每個章節之後，一個非常重要的事情是詢問自己：「這個章節的重點是什麼？」，將這些重點做出標示，並開始加以背誦。雖然大學的學習非常重視創造能力的培

養，然而，創造力是建築在已經發展成熟的理論基礎之上，唯有穩固的理論基礎訓練，才有可能促成知識的應用產生。因此，透過對讀書重點的整理註記作為記憶的綱要，並以背誦的方法與現有的知識進行連結，將可以加深知識的廣度並促進學習的效果。

第六個優先建立的學習技巧是，對現有的知識「進行模擬測試」，以了解學習的真正成果。許多時候，課程材料的閱讀完畢並不代表真正知識建立的結果，必須經過測試才會顯現自己對某些知識的了解程度，因此，利用筆記中的關鍵字或是重點註記，重新詢問自己，並利用紙筆寫出心中的概念，才能測試出自己對這些概念的真正了解程度。這樣的測試可以藉由歷年考古題進行。在考試中出現的題目通常是這門學科中必備的基本知識，也是老師心目中的重點。因此，透過對考古題的模擬演練，是一個快速有效評估自己學習狀況的方式。

第七個優先建立的學習技巧是，充分「運用現代科技」。這些科技包括電腦各種軟硬體應用、資料庫的使用以及網路資訊的充分利用。現代科技的迅速發展已經改變傳統大學的課堂授課的狀況，老師不再只是單方面地以講課方式進行教學，線上互動、網路錄影教學，已經成為補充促進學習的最佳利器。一方面，當老師運用各項科技來增進教學的效果時，相對地，同學也被要求使用這些最新科技產品以提

升學習的速率，因此，學習運用新的現代科技在學習中也成為現代大學生不可或缺的學習技巧。

第八個優先建立的學習技巧是，「圖書館的妥善利用」。對每個大學生而言，圖書館在學習生活中扮演非常重要的角色。圖書館除了必須提供一個好的閱讀環境供同學自修外，另外一個重要的功能即是提供足夠的參考書籍及期刊，讓同學們在充分的資訊下完成課程所要求的學習報告，並且可以透過自修的方式加深學習的廣度與深度。在大學中，課程的主要功能在於基礎知識建立，進一步的學習則要依賴同學主動的學習精神。一所好的大學圖書館必須在這方面提供非常充分的支援。

如果能夠在學習中確實應用這些技巧，相信在大學的學習生活中會覺得非常充實並且輕鬆愉快。

施老師的叮嚀：

　　預習、專心上課、動手做筆記、課後複習、重點摘要、練習作答、蒐集資料以及利用圖書館，是大學學習中不可或缺的基本技巧。這些技巧都需要不斷練習才能夠建立，不可能依賴別人而獲得。因此只有透過自己不斷地嘗試與練習，才可能建立屬於自己的個人學習技巧。

# 讀書會的組織與運用

　　大學課業的學習是一個漫長而艱辛的過程，當學生面對浩瀚無涯的學海時，常常產生嚴重的無助孤立感。要克服這樣的問題，除了靠同學找出自己讀書的動機，時時提醒自己進入大學的目的之外，另外一個可行的方法就是找尋一群志同道合的夥伴，成立讀書會，靠著彼此之間的加油打氣，一同面對學業的挑戰。

　　組成讀書會具有非常多的好處。一方面，人是一種具有惰性的動物，在面對讀書這樣耗費大量精神而回饋不多的活動時，許多時候除了靠內在回饋的自律精神之外，也需要一些外在環境的訊息加以提醒，才能督促自己努力用功。透過讀書會的成立，通常可以收到以外在力量約束、組織讀書時間與規範讀書效率的效果。另一方面，由於每個人對於讀書都有一些獨特的學習方法與資訊，透過讀書會彼此交流資訊並相互學習優良的讀書方法，有助於讀書效率的提升。

　　雖然讀書會的成立會帶來團體成員之間的競爭感，但一種良性的團體競爭往往可以得到共同成長的結果。因此，如何將合作的概念注入讀書會之中，是一個非常重要的概念。教導團體成員學會新的知識並不代表自己的損失。通常在教導講解的過程中，自己得到重複練習的機會，也會對這些知

識建立起更清晰的概念。或許這不會立即呈現在分數的差距之中，但一個能享受獲得知識樂趣的學生，往往能夠在日後的學術生涯中獲得更高的成就。

讀書會的成立並不代表它的運轉順利。許多的外在因素，如果成員無法對這些議題取得共識，會使讀書會很快地無疾而終。為了讓讀書會運作順暢，第一個應該要建立的概念是，設定一個非常明確的團體目標：「讀書會的目標學科為何？」、「主要的讀物及進度為何？」。有許多同學在參加讀書會時，往往誤以為讀書會具有社交聯誼的性質，因此，在參加聚會的時候，不由自主地便會開始聊天或是談些與當時設立讀書會無關的主題，慢慢地，這個聚會就會開始變質，成為一個談論風花雪月、是非八卦的場所，而有心唸書的同學也會因為失去原先設立讀書會的意義而慢慢退出，讀書會也就自然瓦解。因此，取得團體成員的共識，明瞭撥出時間聚會的主要目的何在，討論的主題為何，並堅持聚會的品質與效率，便成為一個成功讀書會的先決要件。

第二個要建立的概念是，集會時間的固定，並要求成員確實出席。從學習的觀點來看，定時定量的學習有助於紮實地建立基礎知識，並可以協助良好讀書習慣的養成。一旦良好學習習慣養成之後，後續進階知識的建立就可以收到事半功倍的效果。因此，一旦養成固定出席讀書會的習慣，學習往往會內化成生活的一部分，也就更能享受學習的樂趣。同

時，也要注意的是，一旦自己開始出現沒有正當理由，不想出席一個非常規律並具有學習效果的讀書會時，可能代表自己學習心態的鬆懈，這也是學習生活的一個重要警訊，代表自己對於學業生活承諾的毀壞。千萬不要輕忽它，趕快找出原因並進行調整，否則等到以後問題開始擴大的時候，往往會令人措手不及。

　　第三個要建立的概念是，互利。在讀書會中，每個人都扮演同等重要的角色。一方面，我們會從其他人身上學習許多事物，但另一方面，也必須對團體做出貢獻。只有在每個人都感覺到他們的付出與獲得是在一種對等的狀況下，大家才會願意繼續參與這個讀書會。若是有一部分的人長期扮演付出者的角色，某些人總是扮演獲利者的角色，在貢獻與付出不成比例的情形下，這個讀書會很快就會瓦解，不復存在。

施老師的叮嚀：

　　「三人行必有我師」。良好的學習讀書環境可以由同學自主地籌組讀書會而建立。越願意參與讀書活動，並付出努力與承諾的人，將會在學習活動上獲得更多的樂趣。

# 學分的選修

　　台灣大學生的課程學習，採用是學分選修制。所謂的一學分，指的是每週一個小時的學習課程。當學生參與一學期（約二十週）的學習課程，並且達到老師對該學科的要求，像是合格報告的繳交以及期中、期末考試的通過時，你就會獲得該學分。通常大部分的課程會以一學期兩學分或三學分的方式開課，但也會有一些特殊課程，像是實習課程，學生被要求投入兩或三個小時，甚至更多的時間，而卻只會獲得一個學分的認證。

　　在學分的種類上，可以概略分為必修學分以及選修學分。必修課程的意思是只要是進入這個學系的學生，就必須通過這樣的課程才能取得畢業的資格；而選修課程則是可以依照個人的自由意願選擇是否學習這些科目。除此之外，有一些特殊課程，本身不計算學分，但卻必須要通過之後才能取得畢業資格，稱為「零學分必修課程」。這類型的科目包括體育或是一些各大學自訂學分，像是勞作教育學分或是發展教育學分。

　　在必修學分中，又可以區分為核心必修課程、各校院自訂必修課程以及系所必修課程三大類。所謂核心課程指的是一些建立基本能力所開設的課程。一般而言，這部分的課程

包括國文、憲法、中國現代史等成為良好公民應具有的基本常識。

所謂的各校院自訂必修課程，指的是由各大學所自行訂立的必修課程。由於國內高等教育面臨一個自由開放競爭的環境，各校為了建立不同的教育特色及加強畢業生的競爭能力，因此，透過對校院必修課程的設計與制訂，注入特有的教育理念，並透過這些課程，將精神落實到同學的學習之中。這一些課程會隨著學校的不同而出現相當程度不同的差異，但一般而言，可能包括第二外國語文課程、哲學、社會科學或是自然科學概論等基礎課程。

系所必修課程則是屬於特定系所的專業課程部分。各系所會根據該領域的最新發展現況以及特有的教學理念，仔細思考學生所需要的基本訓練而選定特定課程作為系所必修學分。當學生修畢這一部分的課程，就被認定對此專業領域具有最基本的訓練與知識。

選修學分的概念，則是希望學生擁有一部分的學習選擇權。由於大學前兩年的課程，大多以導論性以及基礎性課程為主，必修課程佔據大多數的學習時間，其主要目的在於建立學生的基礎學習能力。然而，在大學第三及第四年中，就進入進階或是應用性的課程。學生可以考量過去的學習經驗、本身的特殊專長以及特有的興趣，選擇相關課程中自己感到興趣的科目，為未來進階學習或是就業做準備。

　　整體而言，隨著不同學校的不同要求，學生所受的訓練將會不同，所修的學分名稱也會不同。但不變的是，每個學生必須要通過所有的必修學分，並通過一定的選修學分數之後，才能獲得畢業的資格。

　　在這裡要提醒同學注意的一件事情是：許多課程的安排具有先後的修課順序。簡單來說，有些進階學分會要求同學先通過一些基礎學分之後才能選修該課程。因此，在選修學分的課程中必須把這樣的順序性列入考量，否則在未來選修這些進階課程時，會面臨擋修的窘境。這也提醒同學們最好在大一、大二的時候，投入較多時間在基礎課程中。一方面，基礎學科是未來進階選修學科的基礎，若基礎學科學習不夠紮實，進階課程的學習會受到影響。另一方面，一旦累積過多的必修學分無法通過，到高年級的時候，不僅選修進階學分會受到限制，也會導致無法在一定的修業期限中完成學業而面臨延畢甚至退學的厄運。

　　而在每週修課的學分數上，不同的大學有不同的基本下限以及最高上限。一般而言，大一至大三的最低修課時數會在十二學分上下，大四會降低至八學分；最高上限則通常訂在二十五學分。在學習表現成績優異的前提下，也可以向校方申請更高的修課時數。不過，考量學生最佳學習表現以及學業的負擔，通常每週的學分數建議不要超過三十個學分，以免因過度的負擔而降低學習的效果。

　　從這個地方可以看出，大學的學習是非常具有彈性，可以按照個人的狀況進行學習時序及課程內容的調整。只要在一定的時間內取得最低畢業學分數，就可以獲得大學畢業文憑。因此，大學的修業時間並不一定是四年的時間，但也不是可以無限期延長。一般而言，最長的修業時限在六年左右。如果學習狀況良好，也可以提前在三年之中取得大學文憑。但如果學習的狀況不如預期，不妨在心態上做好調整，以較長的時間來完成大學的學業。別忘了，一張歷經紮實學習而來的學歷會比輕鬆混四年而得到的學歷，對未來人生產生更大的助益。

### 施老師的叮嚀：

　　每個學分的獲得都代表特定學習活動的完成，也代表個人在某個領域的學習成果。不要擔心被當的問題，應該要思考的是個人在投入那麼多的時間精力後，所能獲得的東西是什麼。與其把學分混過去，倒不如在這些學習活動中，替自己的生活找到一些學習樂趣。要記得，大學的學習應該是有計畫、按部就班，一步一步地學習。越有計畫地選修學分，將會帶給自己越紮實的學習成果。

# 學程與輔系

　　時代的進步一日千里，隨著文明科技的進展，知識累積的速度也越形快速。在社會環境越來越複雜的情形下，生活在其中所需要的知識，不論在廣度或是深度上，也將趨複雜。這是一個無法抵擋的時代發展趨勢，身為一個現代人因應這樣的變動，唯一可行的方法就是隨時保持學習的心理來面對這些挑戰。

　　從這個角度來看，過去的大學制度單一科系、單一主修的觀念已經開始改變。過去的大學生常執著於「我是某某系的學生，我應該修哪些課程」、「我是工科學生，我對人文課程沒有興趣」、「我是文科的學生，我數理基礎不好，我不要修有關科學的課程」等等劃地自限觀念。但隨著時代的進步，跨領域整合的必要性逐漸提升，科系與科系之間的劃分已經開始模糊，以學生學習需求為導向的彈性制度概念已經受到教育學者的重視，因此，大學生在學習心態上也要跟著做調整。雖然對所學科系的認同有助於大學生在學業上的學習，但是要小心避免過度認同所產生的僵化與排他心態的不良影響。

　　在台灣，由於制度的影響，許多學生常會因為對所就讀的科系而產生一些不合理的封閉想法。有人會覺得「這是某

某系的課程,你是某某系的學生為什麼來修這個課?」、「只有某某系的學生才有能力修這個課」,甚至對於一些外系的同學前來修習本系的必修課感到奇怪並產生排斥感,這都是一些不必要的想法。大學科系的劃分本來就是因應社會環境而存在,只是為了方便學生學習而設計的制度,在未來,這些組織都會隨著外在大環境的變動而出現整合與再造。因此,與其執著於外在科系的名稱限制,不如仔細思考本身內在的學習興趣與未來工作、生活的需求,放寬心胸,主動在不同的科系課程之間尋找並選修適合自己的課程。

由於社會日趨多元,唯有具備多項專長才能應付未來社會的變化。因此,絕大多數的綜合大學都設有輔系制度,希望藉由提供第二專長的學習機會,增進學生學習的廣度與深度,以協助學生面對未來生活的挑戰。另外,為了配合教育部的師資培育計畫,許多大學也設有教育學程提供學生修習教育學分的管道,一旦取得教育學程的修業證明,在畢業後即可取得正式教師的資格,並可以到中小學擔任教職。此外,有部分大學為了彰顯該校的特色,也會開設相關學程,像是榮譽學程、菁英學程,以提供優秀同學更進一步自我挑戰的機會。這些不同於傳統系所的課程設計,最主要的目的還是希望藉由不同的學習管道提升同學未來的就業競爭力。

不論如何,不管是輔系或是學程,都是一些外加的課程,隨著不同的輔系及學程,要求不同,所需要取得的學分

數也不太相同。但這些外加的課程一定會拉長學習的時間並加重學習的壓力。因此，一旦決定要選修這些課程時，如何增加自己的抗壓性、提升學習的效率，並妥善進行時間管理，及時完成課程要求，便成為同學必須仔細思考、小心規劃的事情。千萬不要在選修之後才發現自己無法應付繁重的課業需求，不僅無法好好學習加修的課程，甚至連本科系的課業都受到影響，平白浪費許多時間及精力，這樣就真的是得不償失了。

　　最後，所要提醒同學的是，目前的大學組織為了因應社會的變動以及學生的需求，在不同科系以及課程間的彈性調整從未停止，而這樣的變動也會持續下去。在未來的大學組織中，除了一般大家所熟知的系所組織之外，跨領域整合的學程也會開始實驗運作，這些新概念將會讓未來的大學生在學習安排上，更能兼顧社會環境的變化以及本身需求的獨特性。但這也提醒現代的大學生一定要破除過去傳統的門閥觀念，放開心胸去學習各種多樣化的課程，這樣才能順利因應未來世界的挑戰。

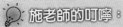 施老師的叮嚀：

　　多元學習的時代已經來臨，不要固守傳統的科系
門戶之見，多元學習才是因應未來變動社會的一個好
方法。但在多元學習的過程中也要注意是否已經超過
自己的能力。與其花俏地參與了一堆修不來的外加課
程，不如紮實地修好本科系一些基本科目。

# 重考、轉學與轉系

在大學中常聽到的一個抱怨是「這不是我想唸的科系！」。

有許多原因可能會造成這樣的狀況，同學常掛在嘴邊的是：「我考試失常，實力沒有真正發揮才會來到這裡」、「不小心填錯志願了！」、「志願是別人幫我填的，我根本不想來唸這裡」、「學校科系的狀況跟招生簡章以及我的想像相差太多了」、「不唸這裡就沒有別的地方可以去了」……但是一致的現象是：這些人真的很不快樂！

當同學不喜歡自己所就讀的科系時，是一個非常令人感到困擾的現象。好不容易費了九牛二虎之力才擠進大學的窄門，卻發現自己身處在一個令人不喜歡、不滿意的環境中，的確這會讓人開始自艾自憐。但真正的問題是：你已經在這裡了！接下來你還會有四年的時間，該怎麼去度過它？

有許多的同學一進入大學之後，就被「我不喜歡這個環境！」的魔咒給附身了。當這樣的感覺發生時，會讓人沒有辦法融入學校環境，無法對自己的系所產生認同感。這些同學們很可能成為學校中的遊魂，東飄西盪，在失落感中結束了四年的求學生活。這是一種人生最大的浪費，一方面，它浪費了寶貴的青春，時間一旦逝去就不會再回來；另一方

面,也浪費了絕佳學習的機會,進入大學而拒絕學習就好像入寶山卻空手而回。因此,當察覺到自己對於環境的不滿時,就應該開始思考自己要如何處理這樣的困境了。

想要妥善處理這樣的狀況,第一步,要先思考自己是否已經完全無法忍受現在所處的環境。如果自己覺得狀況其實沒那麼糟,就應該定下心來,思考如何在這個環境中發展自己的最大潛能。但如果經過深思熟慮,並且與身旁的老師、同學深談之後發現,這是一個完全不適合自己的環境時,那就是該考慮離開這裡的時候了。

第二步,應該要考慮的問題是「我要到哪裡去?」。有許多的同學急於想要逃開現在的環境,沒有仔細地思考自己的下一步整體規劃。在一種匆促決定的狀況下,往往只是跳進另外一個不喜歡的環境而已。因此,仔細搜尋資料並親身體驗,找出真正自己想走的路,是在進行一次大變動之前,需要全盤規劃的事情。

當下一步的方向開始明確的時候,接下來,該思考的是「我該怎樣達到我想要的目標?」。一般而言,「申請校內轉系」、「參加校外轉學考」以及「重考」是三種可行的管道。

在決定採取哪一個方法之前,一樣需要審慎的評估。一般同學會選擇以轉學考或是重考的方式來轉換學習環境。通常轉學考的競爭比起大學聯考來說是有過之而無不及。尤其

某些熱門科系的轉學考競爭非常激烈，錄取率遠低於大學錄取率，甚至有一些科系根本不舉辦轉學考試。因此，要通過轉學考的關卡並不如想像中那麼的容易。所以，如果目前所學的科目與自己的興趣完全不符，並且在未來也不可能會從事相關的工作，重考是一個值得考慮的選擇。但是，不論選擇參加轉學考或是重考，都必須要適度地分配時間，並且兼顧現在的學業狀況以及未來的轉學考試，否則可能出現顧此失彼的現象。在大學中，常常見到部分的同學不僅轉學不成，還面臨了課程重修或是二一退學的窘境。因此，一旦選擇這兩條管道，就要有投入多於身旁他人努力的心理準備。

　　而如果在目前就讀的大學中就有自己想要就讀的科系，自己也還蠻喜歡適應這個大學環境時，不妨可以考慮以轉系的方式申請進入該系就讀。隨著不同學校、不同科系的要求標準不一樣，也會有不同的申請門檻與要求。但是唯一可以肯定的是，大一成績的好壞絕對會對轉系申請產生影響，因此，如何提升自己的學習成績就成為一件必須要特別注意的事情。

　　不論自己的選擇為何，請記住！「選擇你所愛，愛你所選擇！」有時候，人生小小的幸福是當你有一天回想自己過去的生活時，發現曾經有一段為了夢想、努力奮鬥的日子。試著讓自己也成為那些找到自己的方向，並為它努力奮鬥的人，為你的未來留下一些甜美的回憶。

施老師的叮嚀：

　　一旦選擇了就讀的系所，就要認同它，並且全心投入其中，專心學習。請記得，再多的抱怨也不會改變現狀，抱怨只會讓你自己的生活停滯下來，浪費了寶貴的大學時光。

# 如何面對考試

中華民族是一個熱愛考試的民族！在走完人生的過程前，總有許多考不完的試。不可避免地，大學也有許多必須通過的考試。雖然對於考試這件事情，每個人都不陌生，但在這裡，仍然要提示一些面對大學考試的小技巧。

首先，要記得擬定考前計畫。在擬定這份計畫之初，需要先知道各科考試的確切日期，根據考試科目日期的先後及重要性，訂定合乎實際的讀書時間表及考前複習活動。通常要優先處理比較棘手或是不拿手的科目。如果可行的話，在考試前幾週就先請任課老師提示如何準備考試，以提早開始準備。

當做好考前計畫之後，應該做好心理準備並立即展開行動。在閱讀時，記得參考上課筆記、製作心得大綱表，以利進入試場前進行最後的重點式複習。如果發現自己容易鬆懈、無法掌握讀書的進度時，可以找幾個同學組成讀書會，互相提醒與維持一定的學習進度。在完成一定的進度後記得利用考古題進行自我測驗，以了解讀書的效果。當然，在準備考試的過程中也要關心自己的健康，避免疾病的干擾，通常小感冒或是失眠都會影響讀書計畫的完成。

在應考時，最重要的是要放鬆自己，從容以對。不管事

前準備的多與寡，都已經無法改變身在考場的事實，因此，更重要的是把心情放輕鬆，盡自己最大的能力，全心全力完成考試。請注意，不要因為看到別人正在振筆疾書而受到干擾，他不一定真的知道答案，他或許和你一樣感到茫然，他只是試著寫出一點東西讓自己覺得好過一點。

由於大學的考試形式比高中更加活潑，各種奇怪的考試類型都可能出現。有的老師允許學生在考試中翻閱參考資料；有的老師允許同學使用計算機進行演算；有的老師允許學生使用辭典或翻譯機等輔助工具。各種林林總總的狀況都可能發生，因此，在考試前弄清楚老師的要求，並準備好相關的器材是非常重要的事情。一旦自己迷迷糊糊沒有準備時，只能帶著懊喪的心情，在考場中眼睜睜地看著同學使用輔助器材來爭取最佳分數。而自己只能靠著人腦、一雙手，以及同學的同情眼神來完成這場考試了。

在開始考試之後，要針對不同的題型做好不同的心理準備，並先對答題時間進行分配，以防花費太多時間在回答少數特定的題目上。在面對演算題時，最好先把不熟悉或是容易混淆的公式在考卷一發下來的時候先默想寫出，以免因公式遺忘而無法完成演算。在進行演算時，要記得保持冷靜的心，仔細核對每個數字並小心進行演算，以免因誤看數值而得到錯誤答案。最後，如果時間許可的話，最好進行驗算，以確定答案無誤。

　　在回答非申論題時，要先仔細閱讀答題說明。最好閱讀兩遍，完全弄懂考題的要求後才開始作答。注意不同問題的配分，先從有把握的題目回答起。由於是非題猜對的機率較高，先從是非題做起。要運用常識與邏輯，有時候從問題中可以找出回答另一題答案的線索。在第一次回答完題目後，除非非常清楚修改答案的理由，否則別貿然行事。有時候，第一次的答案常常是最正確的。要記得確定答題與題號相符合並且正確地填答在老師要求的位置上，也要仔細小心檢查問題卷的背面是否仍有題目，只要漏答任何一頁的問題，通常都會引起災難性的結果。在填答完所有的題目後，如果仍有剩餘的時間，再一次檢查答案卷是否依規定填完。當然別忘了填上名字，因為忘記寫名字而被扣分，或是不採計分數是非常冤枉的。

　　回答申論題的要領是先掃瞄題目一遍，並依指示作答。要特別注意時間的分配，因為申論題需要較多的時間進行回答。記得先回答最簡單的題目，再回答難度較高的題目。在閱讀完題目之後，先在關鍵字底下畫線，提醒回答的重點。根據自己腦中所有的資訊先做簡單的綱要，記得提出自己的立論觀點，並且以簡單明瞭、具有邏輯的方式呈現相關資料並寫出完整答案。在開頭段落中陳述主要觀點，在主要段落間使用轉折語進行串連，並且要以完整句子完成論文，回答題目。別忘了，字跡不要潦草，盡量筆跡清晰。如果評分教

授無法辨認你的字跡，再好的一篇論文都無法得到應有的分數。

施老師的叮嚀：

　　有效率的事前讀書計畫永遠是應付考試的不二法門。考前放輕鬆，不要臨時抱佛腳、通宵開夜車，這樣的學習方式就算在考試中能得到高分，但在日後的健康上也會付出額外代價。在考試中記得放鬆心情，看懂並且想清楚教授的問題後再動筆，以最簡單扼要的方式回答問題。請記住，字數多不代表分數高。只有立論清晰，針對問題回答的答案，才有機會得到高分。

# 課堂報告的準備

　　在大學的課程中，課堂報告是一種常被用來訓練同學表達能力以及團隊合作能力的教學方法。授課教授會依情境的不同，有時候要求學生進行個人報告，有時候則以小組合作的方式進行團體報告。但是，不論它的形式為何，準備課堂報告都是一個艱辛的過程。從得知題目開始準備直到報告完成，常會出現一些意想不到的阻礙。在心態上要做好面對困難的準備，因為遭遇障礙是非常正常的現象，更重要的是如何運用資源與策略去克服這些障礙。

　　要做好一份課堂報告，需要遵循以下的步驟與訣竅。首先，必須非常清楚明白老師指定這份題目的主要用意。在了解主題意義的過程中，報告的方向就會開始浮現。其次是訂定完成報告的計畫。通常課堂報告具有時效性，必須妥善運用時間，否則可能無法在規定的時間中完成。因此，訂立一份完善的時間管理計畫，將會更有效率地協助學生完成課堂報告。

　　其次，大學的課堂報告強調的是學術與專業性，參考資料的蒐集是一個必要的工作。這些參考資料的來源包括教科書相關章節、相關中英文書籍、學術期刊論文、國內外博碩士論文、網路相關網站等等。要注意的是，由於出版及網路

的自由開放，資訊非常的浮濫，在使用資料之前最好要仔細閱讀與評估，盡量使用具有專業性與學術性的資料，才有助於完成一份好的課堂報告。

當資料蒐集的工作進行到一段落時，接下來要進行的是閱讀筆記與報告大綱的整理。由於人的記憶量非常有限，在學習新的事物時，會因為缺乏相關的背景知識，所能記住的事情非常有限，這就是為什麼同學在閱讀新的課程材料時，通常會覺得腦袋空空，想不起來曾經讀過什麼東西。想克服這樣的困難，就要藉助閱讀筆記的紀錄。當開始閱讀報告材料時，在心中要隨時詢問自己這一段資料的重點在哪裡？主要在傳遞什麼資訊？在閱讀完一定的章節進度時，有些想法會浮現腦海之中，不管這些想法有多簡略，立即將它們寫在筆記本中。在完成所有的閱讀之後，再將這些筆記進行整理，此時，就會得到一份閱讀筆記。重新整理這些筆記，加上自己心中的想法，一份報告大綱就會開始逐漸浮現成型。

在這些過程中，同學有時會有不能理解的受阻感覺，這種感覺是一種正常的現象。坦然面對這些受阻的感覺並找人一同討論。透過集體的問題解決，往往可以避免自己在準備報告上的盲點。除了一同工作的同學之外，徵詢曾做過相關報告的學長姐，也可以獲得許多寶貴的意見。當然，所有的任課教授都會非常樂意指導同學完成一份精彩的課堂報告，不妨與老師約個時間，請老師過目一下你的大綱，並給予一

些修改意見，相信可以協助你更順利地進行這份報告。

　　當報告大綱完成後，接下來，就是開始動手撰寫報告內容的時間。不管現階段自己是否滿意於所能做出的報告內容，記得讓寫報告的過程自然發展下去，不要停頓。確實對照時間計畫表，強迫自己完成報告初稿後才休息，否則你會將報告拖延至繳交的最後一刻才完成。

　　在完成初稿後，可以將報告放在一旁，回過頭看看自己所作的受阻筆記，去了解一下過去為何會有受阻的感覺，是因為自己對這個學習範圍不熟悉所導致？或是缺乏充分的報告材料所導致？記得採取必要的措施像是再次搜尋資料、召開討論會議去解決這些問題。通常這些受阻部分是你報告上最大的弱點，唯有改進它才有完成一份好報告的機會。

　　當完成以上步驟的時候，就是進行二次撰寫與校稿的時間了。通常在初稿的階段，會有許多看不見的缺點在其中。如果沒有經過一段時間的隔絕，報告材料的問題是無法被覺察浮現出來。二次撰寫是一個非常重要的技巧。提前完成初稿，留一點時間解決撰寫過程中所遭遇的問題，回過頭來進行二次撰寫、完稿，將會非常有助於一份成功報告的產生。

施老師的叮嚀：

　　不管個人報告或是團體報告都是學術訓練的一部
分，試著跟隨著老師的課程設計，並且與不同的同學
學習合作，你將會有許多意想不到的收穫。此外，大
學報告重視的是學術性資料的整理，不要只從網路上
下載資料；用心閱讀，並且以自己的觀點重新整理資
料，是完成一篇好的報告的重要關鍵因素。

# 如何做好口頭報告

　　當書面報告完成時，這也意味著口頭報告的來臨。不論是以個別或是團體報告的形式來完成書面報告，最終，都需要有人將這些成果呈現在課堂之中，以作為最終學習評量的參考依據，因此，每個大學生都需要養成面對群眾，闡述自己學習成果及理念的心理準備。對於某些不習慣在公共場合中說話的同學而言，這樣的要求往往帶來極強的焦慮，甚至會因為強烈不愉快的情緒，而做出退出課程的選擇。但課堂報告是一個在大學學習中無法逃避的情境，不論在任何一個科系或是課程中，一定會有老師以這樣的方式訓練學生。因此，唯有做好上台報告的準備，勇敢面對挑戰，才是追求自我成長的大學生應該有的態度。

　　在這裡要提醒的一個重要觀念是，在腦袋中思考撰寫一篇書面報告和將這些材料以口頭報告的方式呈現是完全不同的兩回事，千萬不要混為一談。在大學的課堂中，同學們在口頭報告上常犯的一個錯誤是照本宣科。許多同學習慣在手中拿著一份書面報告，從頭到尾將它唸一遍就算完成了口頭報告。這樣的報告方法不僅無法引起台下師生的興趣，也會因為報告者的目光一直注視著手中的書面報告，缺乏與聽眾之間的交流互動，而被誤解為信心不足，影響聽眾對這份報

告的評價。因此，口頭報告不同於書面報告，需要特別額外花時間進行準備，並且應該背誦報告內容，保持與聽眾的互動。

在進行口頭報告時，下面的細節也應該注意。首先，報告者在情緒上要進行調整。在進行口頭報告前，通常會有非常強烈的焦慮感產生，而這些焦慮感也會引發怯場的情形發生。一般而言，怯場的主要來自於心中一些不合情理的想法。當報告者過度追求完美，希望獲取所有修課同學對這份報告的認同與讚賞時，常會導致怯場情形的發生。因此，在上台前對自己的情緒進行整理，以免受到負面的干擾是一件非常重要的事。

此外，要避免怯場的情形發生時，最重要的當然是充分地準備報告。充分的準備會帶來無比的信心與勇氣。當發現自己出現過度緊張焦慮的現象，也可以嘗試做一些放鬆訓練，藉由生理與心理的雙重放鬆，讓自己的認知免於情緒的干擾。另外，運用自我驗證預言效應，在上台前告訴自己：「我一定做得到，而且我可以做得非常好」，同時回想過去成功的上台報告經驗，相信都有助於克服造成焦慮的一些負面想法。

一旦站到台前，就應該忘掉恐懼的感覺，專注於所準備的報告內容中，負面的情緒對課程報告而言，絕對是有害無益的。在進行報告的時候，一些輔助材料的準備非常重要。

投影機是一個非常有用的輔助工具。投射出的大綱一方面可以協助同學了解你的報告內容，另一方面可以提供你提取記憶的線索。沒有人真的能百分之百記住自己希望在台上報告的每一句話，但是一份好的大綱可以幫助你不會遺忘任何的重點。

　　接下來要注意的是口齒的清晰以及良好語言的運用。進行口頭報告時的一個重要的概念是如何透過口語表達的方式，清楚地將資訊傳遞給聽眾，讓他們能充分了解你的概念與想法，因此，清晰的口齒以及適當的音量是完成一場成功口頭報告的重要因素。除此之外，也要注意自己的非語言訊息是否適當。不自覺的口頭禪像是「啊」、「這樣子」、過多的手勢、顫抖的語調都會造成聽眾的困擾，要盡量避免。

　　與聽眾之間的眼神互動也是一場成功報告的重要因素。不要因為緊張而只注視三板：黑板、地板及天花板。報告者的眼神應該要聚焦在聽眾身上。此外，也不要將眼神固定在某個特定的聽眾身上不動，這可能會造成這個人的困擾。好的報告者懂得緩緩移動眼神，將眼光平均移動於所有在場的聽眾上，從他們的眼神反應中，將可以掌握聽眾對於報告內容的評價，也比較能了解聽眾對哪些內容感到興趣，哪些部分感到困惑，以及在報告後，會針對哪些部分提出問題詢問，提供一些預測的線索。

　　當然，想要進行一場成功的報告，一定要在事前重複地

練習。在練習的過程中，可以協助報告者記憶講綱並確實掌握時間的運用；有太多的同學課堂報告失敗的原因是無法確實掌握時間，在前半段的報告中談論一些不重要的細節，用掉太多的時間，而導致在後半段因為時間不夠而跳過主要重點，草草結束，無法完整表達報告的內容；也有一些同學是因為準備資料不夠，或是說話速度太快，而導致僵立台上，沒有任何資料可供報告的窘境。因此，妥善分配時間並加以掌握，是在事前練習中必須特別注意的事項。

　　另外，邀請你的同學好友擔任觀眾，請他們仔細聽完你的報告後給予建議。通常他們所看到的缺點及所提出問題，往往會出現在正式的課堂報告中，因此，誠懇地接受他們的批評建議，並針對自己的報告方式進行修改，相信可以讓自己的報告更形完美。

　　只要你掌握上面的技巧，放鬆心情、充分準備，相信你會從一次又一次的成功經驗中建立起特有的報告風格與模式，並且從同學與老師的正面回饋中，享受口頭報告的樂趣。

施老師的叮嚀：

　　口頭報告不同於書面報告，千萬不要照著書面報告唸。報告前要重複練習會增強對於報告內容的信心；適當運用聽眾的互動技巧，將會使口頭報告達到最佳的效果。

# 分數與作弊

台灣絕大多數的大學對課程的評分方法，以六十分為及格分數，一百分為最高滿分分數。從老師的觀點而言，所給予學生的分數越高，代表老師對學生在這個課程中的學習狀況越滿意。但是對大學生的而言，分數到底代表什麼意義？這個問題的答案，隨著不同的學生心態，具有非常大的差異。

有一部分的同學認為，不管自己獲得多高或是多低的分數，只要達到六十分，就可以獲得學分的認證，因此他們胸中無大志，只求六十分通過考試。對另一部分的大學生而言，課程的分數攸關獎學金、未來研究所深造或是就業面試的參考依據，因此分分計較，希望能夠追求最高的滿分分數。但不管抱持著怎樣的心態來面對分數，一個必須建立的健康心態是，分數只是一種學習的附加產物，它提供了對學業成就的評量指標，但不是學習的全部。更重要的評量標準應該是：在課程中，你學到些什麼。

在大學的學習中，最要不得狀況是有許多的同學抱持著一種混的心態來看待學業。他們不在乎課程中老師教些什麼，他們也不熱衷學習，他們只在意最終是否能通過課程的評量。但大學沒有不勞而獲的事情，在沒有充分準備的狀況

下去面對考試，通常不太有機會可以順利通過，在這種情形底下，作弊就成為一個許多大學生認為正常可以運用通過考試的手段。

對某些大學生而言，作弊好像是一件天經地義的事情。對於這群人，通過考試是第一要務，作弊只是一個達到這個目的的必要手段。而在某些大學中，由於無法有效杜絕作弊的現象，造成作弊的同學可以輕鬆得到高分，不作弊的同學卻必須要付出更多的努力才能得到相同分數的不公平現象。而作弊情形的猖獗，也容易讓不作弊的同學受到強烈的誘惑，產生一種「不作弊的人是傻子」的錯覺。許多學生在考試前都會面臨心中的天人交戰：「我到底該不該作弊？」

的確，表面上看起來作弊的確可以提高分數，也免除了被當的危險。但從另一個角度來看，作弊卻會帶來許多不可抹滅的傷害，並且這些的效應會非常強大並且持續長久。

作弊所帶來的第一個影響是在道德形象上的傷害。作弊是一種不被道德體制所接受的行為，一旦作弊行為被揭發之後，在正式的學校行政作業上，必須依照校規予以記過或是懲戒的處分，這是一種形式上的不良紀錄，但影響更大的部分則是在自己心中的道德記錄上，留下一個難以清除的汙點。

第二個影響則是會發生在人際關係之間。表面上，受到大眾傳播媒體校園喜劇的影響，精於作弊的同學被塑造成校園的英雄，廣受同學歡迎。但實際上，作弊仍是一個不為學

校體制所接受的行為，也被視為是一種違反學校規定的表現。長期具有作弊習慣的同學很容易被任課老師或是同班同學誤解為喜歡走偏鋒，並且讓人產生負面印象。這會讓人在人際交往上，不容易獲得朋友真心的信任。

　　最後，作弊也會在學習方面產生深遠的影響。表面上，作弊的同學可以立即獲得高分，是一件有利無害的事情。但這是一個公平的社會，當自己未曾在課業中付出應有的努力，在未來的就業競爭或是升學考試中，也會因為對這個課程的內容缺乏了解，無法在相關領域中獲得進一步的發展，甚至職場激烈的競爭中付出慘痛的代價。

　　仔細想想這些代價，作弊似乎只能帶來短期的利益，長期來說是弊多於利。在大學中踏實學習會帶來專業的自信，除了紮紮實實地接受任課老師對課程的要求之外，似乎是沒有別的捷徑。人生沒有一件事情是不需要付出代價就可以獲得的，學著享受這個看似痛苦的過程，日後卻會受用無窮。

**施老師的叮嚀：**

　　分數只是一項學習的指標，並不是學習的主體與全部。試著放下分數的迷思，享受學習的樂趣。作弊只能解決不能通過考試的燃眉之急，卻不能帶來知識與智慧。做出聰明的選擇，不要隨波逐流，還是別作弊吧！

# 被當與重修

「被當」與「重修」是大學學習中的常見名詞。當同學無法通過老師對課程的要求，像是達到一定的出席課程次數、準時繳交合格的學習報告以及通過課程中的學習評量考試時，老師給予的一個不及格分數，而學生也必須在未來的大學生涯中，重新學習相同的課程直到通過為止。這個在課程中得到不及格的分數就是俗稱的「被當」，而重新選修一次相同的課程學習，則就是「重修」。

談到被當與重修，似乎是大學學生心目中最害怕的事情。從正面的角度來看，這正反映出台灣大學生對於學業成就仍有一定程度的重視。但從另一角度來看，當這樣的感覺出現的時候，也代表同學注重分數的緊張心態可能已經掩蓋了學習的樂趣。但無庸置疑地，「被當與重修」是大學學習生活的夢魘。

一般而言，老師並不會漫無標準地當掉學生，在每個老師心目中都有一把評量學生學習成就的尺。這把尺會隨著老師的教學理念及學習要求，而出現不同的標準。但老師們也會透過教師評議會議或是課程會議的機制，彼此規範出不太過偏離現實的評分方式。正常來說，學生的學習成就都是被放在一個公平的客觀標準下進行。當然，也有可能有一些意

外的狀況發生。如果同學覺得自己所得到的成績與付出的努力不成正比，可以要求任課老師給予解釋。若同學仍不滿意這樣的解釋結果，並且認為自己所獲得的分數不夠公平客觀，可以透過申訴管道要求進行調查，並給予合理解釋。正因為有這樣的機制存在，絕大多數的老師在進行評分時都是非常謹慎，只有在充分理由的支持下，才會做出當掉學生的決定。

　　反過來，以學生的角度而言，當然不樂見被當與重修的出現。一方面，被當掉的課程可能擋修其他的必修課程，導致完成學業的時程受到干擾；這些額外加修的學分可能迫使自己必須付出額外的學分費或是在暑假中留校繼續重修，增加身心上的負擔；而一再重複選修無法通過的課程，不僅會增加學習上挫敗感，也會導致對自己信心的傷害。也難怪在許多大學生的壓力研究報告中發現，「被當與重修」是求學生活中的最大壓力事件。

　　要避免被當與重修現象的發生，可以從下面的一些事項做起。首先是心態上的調整。在進入大學之後，常會從學長姐或是同學的口中聽到一些像是「某老師是一個超級大刀，每年都砍掉三分之二的學生！」、「某老師超嚴格，你絕對不會過！」這樣的傳言。有許多的同學很容易因為這樣的說法，對這門課感到焦慮、心生畏懼或是對老師產生反感，而這些負面情緒也會對學習開始時就產生干擾現象。正如同是

當自我預期證言效應開始發酵，在課程一開始就產生自己不
會過的感覺時，很容易產生逃避或是倦怠的心態，投入的精
力與表現都會不如其他的同學，在學期末，很有可能因為學
習表現不佳，落入被當的宿命中。小心不要被自己的心態給
打敗了！更何況，每個人對不同課程的學習能力不一樣，當
年被當掉的學生一定有一些被當掉的原因，你不是他們，狀
況一定不相同。妳又何必隨這些不見得真實的流言起舞呢？
更何況有些說不定只是一些不真實，人云亦云的刻板印象及
偏見而已。

　　當然，遵循著本書所提示的一些學習要領，按部就班地
跟著老師每週的進度學習是非常重要的。嚴謹的讀書態度及
熱切的求知慾望才是通過課程考驗的最佳屏障。然而，萬一
重修的情況發生時，也不要怨天尤人、憤恨不平。更重要的
是先找出上次課程被當的真正原因，進行策略的評估，並採
取有效的行動來掌握有利於本次課程通過的契機。從學習的
觀點來看，如果能夠善用每次重複學習所遺留下來的記憶痕
跡，並且不斷地有效運用及重組這些知識，將會非常有助於
完整知識的建立，因此，被當與重修固然可以被看做是一種
學習生活上的重大挫敗，但未嘗不是一個在未來協助你建立
更完整知識體系的契機。

　　最後，仍要提醒同學注意，大學在學生入學後，仍然對
學生的學習狀況具有一定的評估考核機制。當學生無法通過

每學期所選修一半的課程時，即稱之為「二一」。當「二一」的情形出現時，學校會認定這個學生不具有完成學業的能力，會勒令其退學。有一部分的大學會給予學生另一次的機會，在累計兩次「二一」的情形下（即俗稱的「雙二一」），才會要求學生退學。因此，同學在入學後，仍然需要隨時注意自己的學習狀況，不要在一學期中被當掉太多的課程，否則一旦遭遇退學命運，很可能要耗費數倍的心力，才能重回校園之中，這將會是人生非常艱辛的一段意外旅程。

**施老師的叮嚀：**

　　避免被當與重修的最好辦法就是按部就班，依照課程進度將學習平均分散在學期中。一旦被當，必須要重修的時候，不要心生畏懼感，把它當作是人生的一種考驗，勇敢面對它，逃避只會帶來重複被當的厄運。要記得，被當太多可是會被退學，一旦被迫離開校園，要以轉學考的方式重返學校，找回原有的學生生活，將不會是一件容易的事情。

# 第 3 篇
## 課外活動篇

# 自我概念的重要

　　在大學生活中，有一些非常核心，但卻值得同學傾注心力去澄清、探索的主題就是「我是誰？」、「我具備哪些特質與能力？」以及「我的優缺點在哪裡？」。而這個部分，也是大學生自己認為在大學生活中，非常值得關注的問題。

　　為何自我概念的澄清對大學生而言是一件非常重要的事情呢？一方面，在課程的學習上，在大學之前的求學階段，大部分學生接受的是一種普遍性的基礎教育，教材設計與課程內容和個人特質之間的關連並不大，在升學的壓力之下，學生也不會有太多的時間去思考自己究竟是一個怎樣的人，適合學習怎樣的課程，以及對未來生活所具有的期待。在這種無法突顯個別差異的學習環境中，有許多人帶著模糊的自我概念進入大學。

　　當一個人自我概念非常模糊的時候，在進入大學前所選填的科系，通常是一種考試或是符合社會潮流選擇的結果，不見得是最適合個人的科系。然而，大學教育是專業知識的基礎，是分流教育的開始，隨著個人所選修科系的不同，學習的內容也會出現明顯的差異。影響這些專業知識的學習成果，除了後天的努力以及學習環境的良莠之外，個人的特質、興趣與能力是否符合這些課程，也會影響到整體學習的

成效。一個不清晰的自我，再加上不適合的科系時，通常無法讓人在大學四年中充分享受學習的樂趣。

另外，大學生活是銜接學習生活與職業生活的一個重要發展關鍵時期。在這個時期中，個人會逐漸脫離家庭的影響，取得生活的主控權，進而決定未來的發展方向。從這個觀點來看，一個大學生是否能對自己有充分的了解，逐漸建立特有的專長以及充分的自信。掌握大學生活的方向，是未來生活成功與失敗的一個重要關鍵。而一個清晰的自我概念是其中不可或缺的成功條件。

而自我概念究竟是什麼呢？自我概念究竟怎麼形成的呢？簡單地說，自我概念指的是每個人心中對於「自己是怎樣的一個人？」這個問題的解答。這個問題從每個人出生以後，就開始一直困擾著我們。對於年紀小的幼童而言，常常依賴身旁他人，尤其是一些具有權威，強而有力的大人，像是父母、老師或是自己喜歡、重視的他人，像是同學、朋友所給的意見上，不斷修正形成自己心中「我是怎樣的一個人」的概念。

隨著年齡的增加，個人的思考能力以及自我觀察能力也會開始逐漸增強，型塑自我的動力就會從他人的身上轉回到自己的手上。這時候，透過對自己的外在行為、內在的想法，會對一些未知、新奇、矛盾的部分，開始重新建立、修改或是調整這些自我觀念。

此外，自我概念的建立也受到外在價值觀的影響。一般而言，價值觀反映社會的主流概念並受到生活在這個社會中的人們所認同。個人的表現如果能達成這些社會所認同的良好價值，並與之相結合時，就可以獲得許多外在的讚賞。因此，個人的自我概念也會隨社會價值觀而產生修正與變化。

另外，還有一股重要塑造自我概念的力量就是社會比較。人會透過社會比較的過程，了解自己的特色。當發現比別人差的部分，要不想辦法努力修正它，或者就得接受它是自己缺點的一部分；而一些比別人更好的部分，就會成為獨特並且引以為傲的部分，個人也會投注更多的時間、精力在這些特質上，讓它變為自己獨特、可以與人競爭的重要部分。雖然與身旁他人的比較容易引起壓力的感覺，但是透過比較的過程，也會讓自我概念變得更加地清晰。

整體來說，自我概念是一個相對穩定，但是卻可以調整變化的機動概念。自我概念的建立歷經一段時間慢慢累積而成。相同地，自我概念的修正，也需要一段時間並且投注足夠的心理能量，才能產生實質的變化。因此，個人如果真的想要做到自我了解的狀況，也必須要投注一定的時間與心力，才能清楚地了解自己。

雖然了解自我並不是大學正式課程中的一部分，但卻是每個大學生應該嚴肅面對的問題。只有在對自己有清晰的認識與了解的前提下，才能充分掌握自己的生活，並且創造一

個幸福的未來。因此,利用大學四年這樣充分享有自由,並且擁有足夠資源的階段來充分了解自己,是一件絕對值得嘗試,並且有助於生涯發展的重要事項。在短暫的大學生活中,可不要輕忽了它。

施老師的叮嚀:

　　自我是掌握生活的主體。擁有越清楚的自我概念,將對人生產生越正面的影響。清楚的自我概念來自於對自己的關注、他人反應以及社會比較的結果。自我概念是一個變動的過程,會隨著時空環境的轉換而改變,並且需要長期、重複地執行,才能幫助自己有效地掌握正確的自我概念。

# 自我探索與澄清

　　在了解一個人的自我概念如何形成之後，接下來要討論的主題是：該如何進行自我概念的探索與澄清。人們的自我概念最主要來自於「對自己的觀察與覺察」、「他人的回饋」以及與「他人之間所進行的比較」這三個主要途徑，因此，如何妥善利用自己、身旁的他人以及參與各種不同的活動中，獲取對於自我的重要資訊，是進行自我探索與澄清中，非常重要的一部分。

　　首先，在透過自己進行觀察的部分，第一，要建立的觀念是：自我概念是一個可以透過內在自我對話、理性思考以及對行為、情緒表達的觀察過程中，逐漸累積獲得的清晰概念。因此，每個人都要對自己保持一種自我關懷的態度，在有空閒的時候，記得詢問自己：「我是怎樣的一個人？我喜歡理性思考還是感性行為？」、「我喜歡與怎樣的人互動？我討厭與怎樣的人相處？我會習慣與特定的人相處嗎？還是我一直在追尋許多不特定的朋友？」、「我喜歡怎樣的事物？我不喜歡怎樣的事情？什麼事情會引起我怎麼樣的情緒與反應？」、「我的特有行為模式是什麼？我會不會在哪些特定的情境，或是與特定的人互動時表達出特定的行為？」。當對這些問題都有一些基本的答案與解釋時，自我

概念就已經具有初步的澄清。

其實，這些問題都是大學生非常關心，但是卻擔心自己是否能夠正確知覺的部分。也因此，這些話題是大學生的社交互動中，常常被提出來討論的話題。正由於大學生非常希望可以發覺自己與他人之間是否存在一些共通或是可以預期的部分，因此星座、血型、命理等等，標榜可以讓一個人更了解自己的話題，便成為社交生活中受歡迎的聊天主題。雖然這些話題可以提供一些有關於個人特質或是行為的訊息，但是有一些更科學的方式，可以有效地達到自我了解的結果。目前在各大學的輔導中心中，已經有許多依循科學原則所編制完成的心理測驗可供利用。這些測驗包括了「自我概念測驗」、「性向測驗」、「人格量表」等等的科學化測驗，透過對這些測驗的填答與專業解釋，每個人都能夠對自我有更深入的了解。

第二，透過他人的回饋，也是一個對自我概念進行了解的有效方式。在大學生活中，有相當大一部分比例的時間，是花費在社交生活之上。為何社交生活對大學生而言是這樣的重要？一方面，在與同學的互動之間，可以磨練自己的社交互動能力，替未來的職業生活做準備；另一方面，透過社交互動中所得到的回饋以及經驗，可以讓自己更清晰地了解自己具有怎樣的特質與特性，並且依循朋友的反應與建議，學習更適當的表達方法以及社交行為，進而修正自我概念。

因此，如何擁有一群真誠敢言、協助自我成長的朋友，便成為大學生在大學生活應該追尋的一個目標。此外，參加學生輔導中心所策劃舉辦的自我了解成長團體，也是一個非常有效透過同儕的回饋而來認識自己的方式。這一類型的團體通常透過專業老師的課程設計，引導同學有計畫地深入探索自己；也透過同儕之間的觀察、互動回應，獲得一些在一般社交情境中，不易得到的資訊。

第三，更能了解自己的方式，就是要盡量參與一些過去在高中時期，沒有機會參與的活動。大學是一個開放的學習環境，一所好大學的責任是提供充分的文化刺激、豐富多元的學習環境，讓每一個進入大學的學生可以依循自己的需求與興趣，去滿足對知識與學習的渴望。但相對地，大學生也必須以不自我設限的態度，讓自己有足夠的機會去接觸一些過去不曾經歷學習，但是卻感到興趣的事物。在參與新的活動中，將有助於全新探索，並發展新的自我概念。

第四，澄清自我概念、肯定自我的好方法就是參加一些具有客觀評審的比賽、證照檢定或是專長訓練。在參加這些活動的時候，所注重的不只是勝負或是取得證照，更重要的是：要在參與這些活動的過程中，清楚地了解別人對於自己的評價，以作為缺點改善的依據。雖然這是一種比較具有壓力的自我了解方式，但透過這樣客觀有力的資訊，更能帶給自己充分的自信。

　　總之，自我了解是一個艱辛而漫長的過程。如果個人想要清楚地掌握這個概念，就必須試著保持一種開放的心胸，隨時謹慎地觀察自己、留心他人與環境的回饋、隨時修改不好的部分，並增強正面的概念。雖然這個過程非常辛苦，但個人在能夠精確地掌握自我概念的前提下，他的大學生活將會變得非常具有組織方向，也能找到獨有的生活目標，建立特有的生活風格。

 施老師的叮嚀：

　　在大學時期多花點時間在關心自己、了解自己、接受自己，將會讓自己的未來人生更踏實，也將活得更精彩！

# 自尊的重要性

在了解自我的基本概念以及如何進行自我概念的澄清之後，一個非常需要討論的主題就是自我肯定以及自尊對於大學生的重要性。究竟什麼是自我肯定及自尊呢？自我肯定指的是個人能夠自然表達內在真實的看法、思想和情感，並能維護自己應有的權益的行為。而所謂的自尊，指的就是一個人對於自己的評價結果。

在過去大學尚未開放的年代中，大學聯考就像是一道窄門，必須要費盡千辛萬苦才能夠通過它；但相對地，在通過這道窄門之後，也會有強烈的成就感伴隨產生。只要能夠成為大學生，就是通過人生的重要考驗，也會被視為是社會的菁英與希望。因此，在過去的社會中，大學生的身分是一種光榮的象徵，是一種對於個人能力的肯定，也是一種自尊與自我肯定的重要來源。而相信自己在未來會有成就，並且必須對社會、國家善盡一份應有的責任與回饋的心理，也是推動大學生不斷學習的主要動力。

隨著大學的不斷開放，當大學生不再是一種菁英教育而是一種普及教育時，大學生身分所帶來的自我肯定功能似乎也在逐漸降低。然而，對一個大學生而言，自我肯定以及自尊的需求卻依然存在。人必須相信自己存在的價值受到肯定

的情況下，才能夠更積極地面對生活。這不僅在學校生活中是如此，在未來進入社會中的生活也是如此。因此，找出自己一些值得肯定的優點，並且建立一些值得被他人、自己尊重的能力，便成為大學求學生涯中一個非常重要的任務。

自尊對一個人會產生怎樣的影響呢？在過去的研究中發現，高的自尊心與許多正面的心理特質之間存在非常高的相關。一般而言，擁有高自尊的人會有比較多的自信，相信自己在生活中能夠成就些什麼；高自尊的人通常有比較好的社交技巧，擁有令人滿意的社交生活，並且能得到較多的社會支持。而這些特質都將在未來的生活中帶給個人較高的幸福感受。

至於大學生如何能夠增進自己的自尊呢？第一件該注意的事情就是先獲得一個清晰的自我概念，了解自己的長處與短處。當自己很清楚地知道自己的長處之後，要試著在生活中盡量發揮。尤其是在學科的本職學能上面，一定要紮實地打好學習的基本根基，慢慢地找出自己的拿手科目，並且依循這些拿手項目發展一個四年完整而充實的學習計畫，按部就班地學習。隨著這些成功學習經驗累積，將會建立專業信心，也帶來與他人競爭的自信。當自己有不輸別人的自覺，自然就會勇於面對生活上的各種不同挑戰。而在一次又一次度過外界的考驗，不斷累積正面經驗並贏得專業同行更多的尊敬之後，這些成功經驗也會帶來更高的自尊感受。

　　其次，要坦然面對自己現有的缺點，對可以改變的缺點，努力地改變它；而對一些無法超越的限制，則坦然地面對它。在心理學的研究中明白發現，正面的生活經驗可以有效地維持一個人的自尊，而負面的生活經驗則慢慢侵蝕一個人的自尊心。一些長期無法改善的負面經驗的持續存在，會使個人的挫折感逐漸累積，自我懷疑也會逐漸加重。當一個人對於自己產生無力感，並且接受自己無法改變這些負面特質的事實時，自尊的感受也就流失而去。因此，學會面對自己的缺點，努力地做出改變；對於一些無法改變的事情，要清楚地了解問題與困境何在，並坦然地接受它。在這樣的狀況下，就不會因為一些不理性的想法，而貶抑自我存在的價值，進而傷害了自尊。

　　自尊的另一個重要來源來自於妥善地經營自己的人際關係。尤其在台灣的社會中，如何獲得身旁師長、親友的正面肯定，成為一個符合社會期待的時代好青年，是社會價值觀中非常重視的一件事。當一個人的表現符合身旁他人的期望時，自然可以獲得許多的讚美與鼓勵，這將有效地提升一個人的自尊心。因此，試著去以一種正面的態度，學習與身旁的親友互動，獲得回饋，建立起對於經營人際關係的信心，與實質的人際關係。透過這樣的正面循環，相信也可以有效地提升一個人的自尊心。

　　此外，有許多的大學生具有錯誤的信念，誤以為當一個

人具有美好的外表打扮，或是藉由穿著名牌服飾，以及對於精品品味的追逐，可以堆砌起一個人價值感，並且從中得到更高的自尊。但事實上並非如此。適度的打扮以及整齊的外表的確容易獲得他人較佳的第一印象。然而，在人際尊重中，更重要的影響因子是一個人的修養以及內在的深度，也就是說，個人是否具備一些個人內在的特質：像是豐富的學識、善良的人格等等。這些特質無法依賴外在物質的追逐而獲得。這些特質必須透過個人不斷的學習與努力，並且隨時保持虛心學習的心態，才有可能一點一滴地逐漸累積而成。

最後，要提醒大家的一件事是：自尊是一種長期對生活付出努力的累積成果，絕對不可能在短時間中累積而成。當一個人在漫長建立自尊的過程中，常常會質疑自己是否行走在一條正確的道路，並且是否值得付出這麼多的努力。但正因為要付出這麼多的代價才能夠建立起自尊的感受，這也相對地突顯出自尊的珍貴與重要性。就像俗語所說的：「要怎麼收穫，就先得要怎麼栽。」想成為一個具有自尊自信的人，是不可能不用付出真正的努力。如果你真想要體驗出自尊的甜美，而且你也相信自尊對於你未來人生的重要性，何不試著就從現在開始改變自己，累積一些成功的美好經驗？別忘了，起而行的人永遠比坐而言的人有更多取得成功的機會，而這些人，也將在未來的生活中，擁有更多獲得自尊的機會！

施老師的叮嚀：

　　高的自尊可以增加一個人的自信，得到較多的社會支持，並且有助於心理健康。想獲得好的自尊就要記得追尋生命中成功的經驗、坦然面對自己的優缺點以及用心經營人際關係。

# 精彩的社團活動

　　社團，有別於學業，是大學生活中比較輕鬆的一面。社團的定義很簡單，它意味著：「一群學生，因為某些相同的興趣、理念或喜好，而定期聚會的自發性學生組織。」社團的多寡與品質的好壞，常常也代表了精緻休閒文化的發展程度。一所好的大學，除了會適度地要求學生在學業上的成就之外，也會積極鼓勵學生參與學校的社團活動。

　　參與社團對大學生而言，也是一個新奇的玩意兒。在高中生活之前，大多數的家長擔心學生的學業受到影響，並不鼓勵參與課外社團活動。在中國人的文化中，勤勉工作受到高度的重視；相對地，具有遊樂性質的活動被視為是一種浪費時間精力的事情而不被鼓勵。許多家長或老師在高中時期對於學生參與社團的態度是：「現在好好唸書，等你進了大學後，你就可以參加更多更好玩的社團！」

　　在這樣的脈絡下，許多同學在進入大學前，會非常嚮往大學的社團活動；但在進入大學之後，卻又因為不曾參與社團，而產生了「我該不該參加社團？」、「我應該選擇怎樣的社團？」以及「參加社團後，我應該注意什麼事情？」的疑問。

　　社團活動是大學生活很重要的一環。就像家庭生活需要

娛樂來調劑一樣，社團活動可以平衡學習生活嚴肅的一面。而社團活動提供的不僅是一種娛樂，是一種終生的興趣，也是學習群體生活、發揮自我的地方。有許多人在社團中重新認識自我，也透過分享內在想法以及夢想而交到許多持續一輩子的好朋友。放棄參加社團，等於放棄了大學生活中最有自主以及最有趣的一部分。

　　大學的社團因為性質不同而有不同的分類與樂趣。大致來說，大學社團可以區分下列幾種類別：

一、自治性社團：包括校及學系學生會。這一類型社團的主要功能除了以學生組織方式參與學校事務、維護學生權益之外，也透過聯誼性以及學術性的活動，凝聚同學對學校以及系所的向心力，並且培養同學的自治能力與管理能力。

二、學術性社團：本類型的社團以研究學術性技藝為目的。每個社團都有一個主要的學術主題，像是市場調查、演說技巧等等作為社團活動的軸心，目的在於協助同學獲取相關知識與技藝，並運用於生活之中。

三、康樂性社團：以提倡正當的康樂休閒活動為主要目的。這一類型的社團包括團體康樂研習、電影欣賞等社團。

四、服務性社團：本類型社團以推展社會服務性工作為主要目的。社團宗旨主要針對育幼院學童、養老院老人家等社會弱勢族群，提供志願性服務。

五、聯誼性社團：這類型的社團以聯誼同學感情為主。這類
　　社團以高中校友會或是同鄉會為大宗，社團活動以促進
　　社員情誼為主要目的。

六、體育性社團：以體育性活動為社團活動主軸，其中包括
　　球類、技擊、韻律舞蹈等各項性質社團，其主要活動目
　　的在於結合同好，並以鍛鍊強健體魄為主要目的。

　　由於大學社團種類眾多，性質與功能也大不相同，同學
常困擾不知道應該如何抉擇適合自己的社團。但在參與社團
之前，必須提醒大家幾件事。首先，若想從社團中獲取良好
的經驗，相對時間精力的投入是不可避免的。因此，要審慎
評估自己所擁有的時間資源，千萬不要貪多，在學期初報名
參加許多不同的社團，而一段時間後，卻又因為時間資源不
夠分配而退出社團活動，這將是件非常可惜的事情。

　　其次，要多觀察參與社團的迎新及介紹活動。在這些活
動中不僅可以接觸該社團的成員，了解彼此之間的理念是否
相同，也可以透過資料的蒐集了解社團的實際運作狀況，才
不會在日後因為想像與實際之間的落差，而產生失望的感
受。

　　在開始參與社團活動以後，隨著參與的活動時間增多，
對社團的認同程度也會逐漸增加。在社團的第一年，每個新
鮮人會感受到來自於學長姐的關懷與熱情照顧，扮演學習者
的角色，接觸並學習社團相關的新事物。

　　隨著年級的提高，在社團中所扮演的角色也開始轉變。每個學年的結束就是社團的世代交替時間。通常社團的老成員會在學期中觀察，並選擇適合的新進成員來繼承領導社團的重任。在學長姐的鼓吹與說服下，新世代的領導群會浮出檯面，開始承擔運作社團的義務。對第二年參與社團的成員而言，在心態上需要開始調整由被照顧、領導的位置，轉換為守護社團的角色。

　　而社團的領導角色需要怎樣的能力呢？由於社團牽扯的事物相當複雜，具備多元能力是一個基本的期待，而人際溝通能力是其中非常重要的一項。一般而言，威權領導並不適合志願性組織的帶領。唯有透過良好的溝通能力，凝聚眾人的共識，在相互合作的前提下，社團才能夠順利運作。

　　其次，前瞻性的視野及規劃執行事情的能力，是社團領導人不可或缺的能力。社團是一個具有目的性的組織，它的存在立基於一項眾人都感到興趣的共同事物，如何將這些事情有組織地介紹給同好，並維持大家高度興趣，願意繼續投入這些活動中，是社團領導者的一大挑戰，也是磨練個人領導能力的絕佳機會。

　　最後，要強調的是時間管理的能力。社團的事務多而繁雜，參與社團領導必然付出許多時間精力。一旦成為社團領導者後，要注意如何在學業、社團活動與社交生活間取得平衡，才可能達到三贏的局面。

　　社團是一個非常有趣的地方，如果在大學中可以選擇一個適合自己興趣的社團投入，得到的不僅是一群好友、個人能力的成長、一輩子的休閒興趣，甚至是人生的第二專長。但不可諱言地，也有一些同學因為沒有做好規劃，過度投入社團活動，荒廢了生活中其他事務，像是課業、家庭與朋友，額外在生活中增添了許多的變數，尤其因為對學業的過度忽略而被迫離開校園，這都是令人感到遺憾的事。

　　雖然如此，在做好適當的生涯規劃與時間管理之後，社團活動不僅不會影響學業，甚至可以為大學生活增添許多美麗色彩，促進個人在身心靈方面的均衡發展。進入大學後，別忘了找一個自己想要參與的社團玩玩，或許你的人生就此大大地不同。

### 施老師的叮嚀：

　　社團絕對是一個有助於個人成長並且獲取許多人生經驗的好地方。但別忘了，在參與社團之餘，一定要照顧好大學生的本業──學業，否則，常常會發生擁有良好社團歷練，卻得到一張慘不忍睹的成績單的悲慘下場。畢竟，社團經驗必須要建立在完成大學學業的基礎上，才能發揮它的加分效果。

# 運動習慣的建立

在大學生可以參與的眾多課外活動中，有一項非常有益身心健康，卻不受到太多學生，尤其是女同學青睞的活動，那就是「運動」了。但是，運動習慣的建立，對於求學生涯絕對有好處。根據健康心理學的研究結果發現，定時定量的運動習慣，不僅可以鍛鍊強健的體魄，也可以改善自己的心理健康狀況、增強生活的競爭力。

運動的好處究竟有哪些呢？在促進生理健康上，固定的運動習慣可以提高身體的敏捷性，增進活動能力；在避免身體疾病上，也具有顯著功效。規律的運動可以降低血壓、減少新血管疾病發生的機率，也可以增強身體的免疫力，降低罹患特定癌症的機會。

而在心理健康上，可以透過運動幫助個人保持適當的體重以及合適的身材外觀，精神奕奕的外觀也會帶給人正面的自我概念並提高自尊。固定參與運動的人，也會因為自己能夠排除許多外在生活環境的限制，規律地參與運動，產生自我的控制感。另外，運動習慣可以幫助個人降低負面情緒所帶來的影響，有助於對抗生活中的壓力。此外，也有研究發現，運動可以增加大腦中的腦內啡含量，讓人身體產生愉悅的舒暢感，降低疼痛跟壓力的感受。因此，運動的確非常有

益個人的身心健康。

　　雖然運動具有這麼多的好處，但對大部分的台灣大學生而言，運動似乎不是生活中最重要的一部分。台灣狹小不足的運動空間、悶熱的氣候流汗所帶來的不舒適感、重視智育遠超過體育的教育環境、不了解運動的好處、擔心對課業的影響，以及缺乏培養運動習慣的社會環境，都降低同學參與體育活動的熱情。然而，相對於健康所能帶來的好處，這些理由似乎都像是一種合理化自己懶得運動的藉口。當然，運動習慣不是在一朝一夕中就可以輕易的建立。如果不趁著大學充足的體育設施、嘗試將運動習慣化，對未來的人生而言，豈不是真的是入寶山而空手回呢？

　　而大學生應該培養怎樣的運動習慣，才能促進身心的健康呢？首先要建立的一個重要觀念是：並不一定要從事一些非常激烈，像是球類、搏擊性的活動，才叫做有益身心的運動。只要是一些能夠消耗能量，促進身體伸展的活動，像是散步、伸展體操等等的活動，都可以稱之為適當的運動。而第二個需要建立的正確觀念則是：並不是每一個人都適合每一項運動。我們必須要根據個人特殊的身心體能狀況，選擇一些適合自己所從事的運動，這樣才能避免盲目跟隨大眾，從事一些超過自己身心狀況所能負荷的運動。

　　到底要怎麼做才能讓運動變成一種持之以恆的良好習慣呢？一般而言，最好是先從事一些比較緩和的運動做為起

點，當自己的身體逐漸習慣運動的感覺時，再開始逐漸參與增進體能性的運動。而到底投入多少時間，才能達到運動的效果呢？根據專家的建議，一個理想的運動計畫最好是每週進行三小時的運動，並將這三個小時分割為三到五個單位時間進行。因此，每週三至五天，每次40分鐘到一個小時是最為恰當的運動方式。在運動內容的安排上，每個單位最好包括三種不同的活動，並且按照「熱身運動」、「有氧運動」、「緩和運動」的程序，依序進行。這樣做的好處是：一方面可以避免太過劇烈或是密集的運動所引發的運動傷害；另一方面，也可以藉由循序漸進的方式，將運動的效果發揮到最佳的狀態。

　　其實適當地運動並不會干擾日常生活作息，也不會造成身體能量的過度消耗。它是一種跳脫日常沈重壓力，讓身心壓力獲得釋放、重新調整生活步調的好方法。對大學生而言，未來必須參與的職場世界，是一個競爭非常激烈的地方，這種競爭是一種長期持久的消耗戰。沒有健康的體魄，也將缺乏與人一較長短的本錢。

　　為了個人以及家庭的未來，趁著大學時期，培養適當的運動習慣是一件該做的事情。別忘了，趁著現在年輕的時候，建立正確的健康習慣，才能為未來的生活累積足夠的資本。

施老師的叮嚀：

　　成功的學習生活以及良好身心健康的必備條件就是強健的體魄。從大學生活就開始培養良好固定的運動習慣，不僅在當下能夠維持健康的體魄，也能夠為未來緊張的就業生活，儲備更多抗壓以及競爭的實力。

# 大學生的休閒生活

在進入大學就讀之後，與高中時代相比很明顯的是：自己可以掌握的時間變多了。而在一天的生活中，除了應付繁重的課業之外，如何妥善安排自己的休閒時間，也成為大學生在時間管理上一個重要的挑戰。

究竟大學生在空閒時間的時候，都在做些什麼休閒活動呢？根據一項對大學生所可能參與的休閒活動所進行的調查發現，大學生最常從事的休閒活動的前十名，依序為：「看電視」、「聽音樂」、「放鬆休息」、「沈思、冥想」、「上網」、「聽廣播」、「朋友間的社交」、「玩電動遊戲」、「運動」，以及「上館子」。而這個研究中，又將休閒活動區分為四個不同的類別：「讓人放鬆，不用費心思索的娛樂」、「運動及個人嗜好」、「社交暨新世代的休閒」，以及「增進個人視野、知識與能力的活動」。在這四類的休閒活動中，大學生參與頻率最高的休閒活動類別為：「讓人放鬆，不用費心思索的娛樂」。

從這些大學生最常參與的休閒活動中，可以看到台灣的大學生在參與休閒活動時，可能受限於外在環境空間，或是經濟因素的限制，大多數的同學所選擇從事的休閒活動大多是以靜態、消費較低的活動為主。較為動態的休閒活動，像

是運動、登山、釣魚等，似乎比較不受大學生的青睞，參與的頻率比較偏低。有趣的是，把這樣的結果對照十多年前針對工廠青年所進行的研究，變化似乎不大。雖然時代在變化，但是青年人的休閒活動卻沒有太大的改變。或許這也和台灣文化中所認為休閒活動應該是一種放鬆休息的概念有關。

而另外一個有趣的事情是：大學生似乎也較少參與嗜好型，像是下棋、玩樂器、集郵等類型的休閒活動。這類型的休閒活動需要一些基本技能以及入門知識作為參與活動的基礎，可以說是入門門檻比較高的休閒活動，而且需要一段時間才能累積成功的經驗，要花費較多的精力才能帶給人成就感。對於初學者而言，如果缺乏毅力去克服入門階段的挫折感，很容易就停止參與這類型的休閒活動，這或許是大學生較少參與這類型休閒活動的主要原因。

從以上的現象可以知道，在台灣人的心中，休閒並不是生活中最重要的部分。傳統「業精於勤，荒於嬉」的儒家工作觀念中，休閒活動的安排必須利用工作或是讀書之外的閒暇時間，就本質而言並不受到重視與鼓勵。然而，隨著生活型態的改變，生活的閒暇時間越來越多，也越來越受到重視的情形下，這樣的觀念是需要隨著修正的。

在未來社會中，休閒活動除了具有打發時間、放鬆身心的傳統涵義之外，從更積極的角度來看，透過有計畫的組織

學習，妥善運用休閒時間，不但可以讓自己接觸一些新的事物，學會一些新的技能，開拓新的生活領域，成為未來的第二專長；這些休閒興趣的培養，也可以提高生活質感、增進生活品味。另一方面，透過與休閒同好在共同興趣的互動分享上，也可以建立新的人際關係、拓展社交領域。當然，休閒活動的參與，絕對有助於釋放生活中的壓力感受，讓自己能夠在參與休閒活動後，抱持著輕鬆愉快的心情，重新面對日常生活中繁瑣的壓力與挑戰。因此，對於現代大學生來說，在還未踏入社會前，如何妥善利用多餘的時間，建立一些可以延續一輩子的休閒興趣、充實日常生活，並擴展自己的生活視野，是在大學生活中值得好好規劃的一個課題。

　　而大學生應該要如何規劃自己的休閒生活呢？基本上，均衡是一個重要的原則，大學生應該要朝多樣化的概念去參與不同類型的休閒活動。首先，在一般性的休閒活動上，每個人最好能夠定時從事一些可以讓自己放輕鬆的休閒活動，像是聽聽音樂、觀賞影片或是藝術表演等靜態的休閒活動，以鬆弛現代生活中的忙碌緊張情緒。此外，也記得要建立運動的好習慣，一方面可以維持身體的健康，另一方面也可以達到紓解生活壓力的功效。而第三項應該規劃的是具有社交活動意涵的休閒活動。由於社交生活是現代優質生活中不可或缺的一環，透過適度的社交休閒生活安排，不僅可以維繫朋友之間的友誼，更可以在這些互動中磨練學習社交技巧，

為未來更加複雜的社會生活做準備。

最後，每個人除了應該妥善規劃這些一般性的休閒生活外，也應該學習一些難度較高，比較需要特殊技能的休閒，像是樂器演奏、賞鳥、登山等等的活動。這些活動不僅可以帶領大家進入一個有別於課業的學習生活、拓展人生的視野，更可以增進生命的知識與廣度，提升生活的質感。

大學生活是一個多面向學習的場域。如果只將生活侷限在專業的學習上，真的是「入寶山空手而回」。透過有效率的休閒生活安排，會讓大學生活更為豐富精彩。所謂的「由你玩四年」，是建立在懂得安排一個多彩多姿的學習，以及休閒生活之上。別忘了！不僅要讓自己活得精彩，也得要讓自己玩得精彩！

施老師的叮嚀：

好的休閒習慣不僅可以調劑身心，也可以增加生活的樂趣。試著在大學生活中建立起一個可長可久的休閒習慣，不僅可以提升生活的品味，也將對自己未來的生活注入活力快樂的泉源。

# 網際網路與生活

　　對現代的大學生而言，網際網路是日常生活的一部分。尤其在進了大學之後，由於外在的約束力降低，再加上學習需求以及同儕、社會環境的鼓勵，大學生花費更多的時間精力在網路相關活動之上。根據一份針對大學生所進行的研究發現，大學生平均每天花在網路上的時間高達兩個小時，使用時間大多集中在晚間時段，而在週末或是放假時段使用時間更為拉長。也有許多大學生習慣在每天起床之後，就開啟網際網路直到睡覺為止。對大學生而言，網際網路已經是生活無法脫離的一部分。

　　而大學生在網路上都在從事哪些活動呢？最為社會大眾以及家長所接受的理由是搜尋資料。實際上，大學生的確花費許多時間精力，在網路上蒐集學業所需或是生活中所感到興趣的資料。其次，許多人使用網際網路是為了尋求生活中的聲光刺激，其中，又以連線遊戲最能滿足這樣的需求。除此之外，網路也提供了一個無限想像的交友空間。透過聊天室的的參與、網路社群的互動，甚至是網路遊戲中的同盟關係，都能夠讓大學生脫離現實時空環境的限制，拓展自己的人際關係。

　　而網際網路還有其他怎樣的魅力，可以讓一個人願意投

注這麼多的時間精力在其中呢？一方面，網際網路提供參與者一個展現自己能力的空間。透過網頁的建置、言論的發表，可以滿足個人理想自我的實現。另一方面，網路是一種結合各項新科技的時代產物，充滿了許多新奇的事物與聲光刺激，這可以滿足大學生對於新奇事物學習追求的需求。此外，網際網路在社交功能上也充滿了吸引力。在交友的虛擬空間中，透過聊天室、MSN 等各類不同的互動媒介，可以充分滿足大學生對交友的渴望。而透過網路上所舉辦的活動，除了提供社交上交談互動的題材，也可以促成同儕之間的認同。這種種的特性，更加增進網路的吸引力。

相對的來說，網路的過度使用也可能會帶來許多心理、行為問題。目前心理學家提出一個新的概念稱之為「網路成癮症候群」。一般而言，被懷疑具有「網路成癮症候群」的網路使用者通常會出現以下的特徵與行為。像是難以自拔、無法停止網路使用、一旦停止使用網路，就出現強烈的心理渴望感，希望能持續使用網路；當被強迫離開電腦時，心情會覺得非常沮喪，情緒低落、強烈空虛感、注意力不集中、心神不寧、坐立難安。通常這些患者的生活已經與網路緊密結合到一種不正常的現象。當個人出現上述這麼嚴重的網路沈溺現象，通常已經需要專業精神醫療團隊提供協助，才能脫離網路的成癮現象。

一般而言，同學如果在接觸網路的初期就做好生活管

理，罹患網路成癮症候群的機率將非常地低。但是，不可諱言
地，如果在一開始使用網際網路的時候，就缺乏自制力，無法
限制網路使用時間時，通常會隨著網路使用熟悉度的增加，增
高網路成癮的危險性，也對日常生活活動產生排擠效應。因
此，使用網際網路時，應該掌握以下正確的使用心態。

　　第一，不管網際網路的科技如何進步與發達，網路仍是
一個虛擬的世界，缺乏真實的互動感。在這個虛擬世界中所
進行的活動，有一天還是得要回到現實生活之中，因此，它
只能作為現實生活中克服時空限制的一種新型態的活動領
域，不太可能在短時間內取代真實世界，成為人類活動的主
體，因此，要將網際網路當做一個次要的活動空間，要避免
它成為生活的重心，才不會排擠到其他日常生活活動。

　　第二，要認清的是在網路上固然有很多交換真心、結交
真正朋友的機會。然而，網路的隱匿性也讓人可以偽裝與隱
藏個人。有些人會利用這樣的特性來獲得一些他所希望獲得
的利益。網路並非是一個絕對安全的領域，因此，如何學會
保護自己不要受到傷害，是每一個網路使用者應該謹記在心
的事情。別忘了，現實世界是一個怎樣的世界，網路就是它
的縮影。人性有時真的非常險惡，不謹慎地網路使用，輕者
可能會在感情上受到傷害，嚴重時甚至人身安全都有可能受
到威脅與影響。在還沒有確定對方是一個值得深交的朋友之
前，不要貿然透露過多的個人資料，也不要隨便答應網友的

邀約，單獨前往一些你不熟悉或是危險的場所，這都是一些基本保障個人安全的方法。

第三，在面對網路資訊時要注意：不要輕信網路上所提供的所有資訊。由於網路是一個開放的空間，任何人都有權力在這個環境中發表個人的言論。但是這些言論不見得有根據，甚至一些有心人士會利用網路散布不正確的資訊，透過影響他人的過程中，獲取個人的私利。因此，在引用網路資訊之前，一定要仔細思考、小心求證，才不會在不小心的狀況下，引用錯誤的資訊，做出一些不正確的判斷，進而影響到自己的生活。

網路是一個非常有趣的人類活動領域，在未來的世界中，一定會改變人類的生活模式。對於這樣的未來趨勢，大學生應該抱持著健康的心態來參與與學習，千萬記得，要讓自己成為網際網路的主動使用者，而不是成為一個被禁錮在網際網路的被控制者。

**施老師的叮嚀：**

　　使用網路是大學生活中的基本事件。但不良的網路使用習慣，往往也會影響個人的身心健康。記得！永遠要讓網際網路替自己的生活服務，提升生活的便利性，而不是反過來讓自己成為網際網路的奴隸。

# 打工安全

　　由於社會環境的轉變，有越來越多的大學生必須在大學求學時期自食其力，以半工半讀的方式完成大學學業。隨著時空背景的轉換，大學生打工的方式也越來越多元化。從傳統地擔任國、高中生的家庭教師、參與學校老師研究計畫，到現在，不論是在服務業、製造業、補教業或是金融業等等各行各業中，都可以看到大學工讀生忙碌的身影。

　　從某一個角度來看，大學生自食其力，靠自己應付生活所需，完成大學學業，對個人而言，是一個絕佳的磨練、成長與學習的機會。適當的打工，不僅可以改善個人的財務狀況，讓自己多一點可以自由支配的金錢，也是了解職場就業狀況、學習待人接物，並且脫離過度被保護環境的一個契機。就長期個人的生涯發展的觀點來看，大學生打工是值得鼓勵的事情。

　　但從另外一方面來說，不當的打工，也可能影響正常生活作息，造成負面的影響。一份工作的投入，必然耗費一定的時間與精力，如果沒有妥善安排，工作的繁忙與疲憊，也會影響學生投入課業的時間與專注程度，導致學業成績的下降。另外，由於時間的排擠效應，打工也會影響到原先可以投入社交或是社團的時間，而與身旁的同學出現疏離的現

象。最糟糕的一種情況是：如果同學不小心選擇了一些不良的打工場所，學習錯誤的社會價值觀，不僅讓自己變得過度社會化，也會受到環境的影響，導致拜金主義的傾向，建立一些惡質偏差的習慣與行為。因此，在決定投入打工之前，是需要經過謹慎地再三思考。

　　此外，在打工上，應該要注意工作場合的人身安全。在應徵面談前，最好先打聽他人對打工場所、公司的評價，選擇口碑較佳的地方打工。通常口碑較佳的，相對地也會比較具有工作保障。

　　在進行面談時，如果雇主邀請你較晚的夜間時段面談，進行的地點在非公共開放式的空間中，這時候一定要提高警覺，並請面談者更換時間地點，如果面談者堅持不願意更換時間地點，則代表這個雇主可能意有所圖，或是不尊重被談者的意願，這時候應該要放棄這份工作。在前往面談時，要注意自己的服裝儀容打扮，並且根據打工場所的背景特色，穿著合適的服裝前往。請不要穿著過於隨便或是暴露的服裝，以免造成雇主的不良印象。此外，在到一個完全陌生，缺乏資訊的公司應徵時，最好邀請同學、朋友一同結伴前往。一方面可以透過同學對於工作地點印象的評價，作為是否前往打工的意見參考；另一方面，也在安全上，多一個互相照應的保障。

　　在面談中討論的重點，除了要清楚工作內容之外，也必

須要針對這份工作中的權利義務，像是是否提供職前訓練等等做一個了解。此外，對於需要簽約的工作，也必須要在簽下合約之前，仔細小心地閱讀合約內容，以避免一些職場陷阱，導致日後的糾紛。有關於契約中的法律問題，可以請教各大學教授民法教授，或是透過學校特約的法律顧問取得協助。在開始進入工作職場之後，必須要注意雇主是否遵照政府規定辦理勞工保險，以提供人身安全的最基本保障。若是在打工的過程中，發現一些不合情理的現象，一定要立即反應並尋求學校的協助，共同處理問題，不要讓自己應有的權利睡著了。

　　總之，打工是體驗人生的一個絕佳機會。但打工也會消耗個人大量的時間精力，影響到大學的求學生活，同學必須學會在打工與學生生涯之間求得一個精準的平衡點。個人如果能夠將打工與對人生未來的規劃做一個巧妙的結合，打工不僅不會對大學生活產生負面的影響，甚至能夠為將來的發展奠立一個更紮實的基礎。如何讓打工發揮它的最大效應，並且避免它的負面效應發生，就是同學選擇開始打工之前，一定要深思、用心思考的問題。

施老師的叮嚀：

　　金錢固然重要，但人身安全卻是更重要的事情。
不要貪圖一時的近利，讓自己的身心健康受到威脅，
這樣將是一件得不償失的事情。

第 4 篇
日常生活
適應篇

# 生活型態的調整

　　對許多大學生而言，上大學最大的轉變，莫過於是離開家獨立生活了。由於受到入學門檻、學校地理位置、心目中理想學校等等因素的影響，多數大學生在入學之後，必須離開自己的原生家庭，搬進大學中獨立生活。對大部分的人而言，這是一件非常新鮮的事情。

　　搬離家裡最大的挑戰就是必須開始學習打理有關自己的一切事務。過去住在家裡的時候，食衣住行都不用煩惱，凡事只要開口，家長就會積極地為你處理。但是進入大學之後，沒有人會扮演這個無私付出的角色，凡事就必須要靠自己打理了。慢慢地，你會驚訝於生活中居然有這麼多的事情需要耗費能量處理。除了煩惱自己的課業之外，還要在心中盤算著：「今天要吃什麼？」、「衣服沒有洗，明天沒有衣服換了。」、「這個月的錢好像不夠用了。」，這些瑣瑣碎碎的生活雜事。有時候真的會讓人覺得很煩。

　　但是，相對地想一想，把每天的生活作息掌握在自己的手上，是一件多麼愉快的事情。你可以自己決定幾點睡覺、你可以決定幾點起床、沒有人會管你幾點回到住的地方，也沒有人會叫你不要再玩線上遊戲了。這是一種權力的滋味，也是一種長大成人的感覺。這就是大學生活！

　　在大學生活中，你是自己的主人，一切都由自己來做決定；但相對地，你也必須開始對自己學會負起完全的責任。在開始邁向一個獨立自主的生活時，常常會有許多的緊張與疑慮：「我真的可以掌握自己的生活嗎？」、「我好難做決定！」，你也會對別人產生許多的羨慕：「他好有自信，知道自己到底要什麼。」、「他總是把生活打理的很好。」，甚至你會覺得這樣獨立的生活好累，你會想要找一個人來依靠，甚至把自主權交回給那些過去一直在幫你做決定的人。

　　這些都是當一個人脫離家庭、獨立生活時必須面對的考驗。沒有任何一個人天生就知道該如何打理自己的生活，每個人都是從他過去生命中的生活經驗，累積出屬於自己的生命哲學與處事方法，這需要時間與智慧去慢慢累積的。不要羨慕別人具有這樣的能力，這都是每個人從過去人生中一步一腳印地辛苦學習而來。更重要的是，你是否相信自己在未來也有一天能夠擁有相同的自信，勇敢獨立地去面對自己的人生。

　　大學生活是建立這樣經驗的一個非常好的試驗場。因此，學著放寬自己的心胸，坦然接受自己即將開始一個人獨立生活的事實。學著隨時提醒自己，未來的四年生活是讓自己蛻變成一個獨立成熟個體的最佳時機。請小心！如果在這個時期仍然抱持著依賴身旁他人的心態，無法下定決心，接受生活嚴苛考驗的人，只是將接受生活磨練的時間往後拖

延，並沒有辦法避免它的來臨。這樣的依賴，只是表面上減低了生活的風險，但是就長期而言，卻是錯失學習獨立自主的關鍵時期，也剝奪了一個自我成長的最佳時機。

　　請記住！大學生活就像是一個成年禮，進了大學之後就是成人了，在行為規範與思考模式上也要開始蛻變成為符合社會期待的成人模式。因此，在進入大學之後，心態上一定要進行調整，自私的利己思考將不再為環境所接受。在享受他人賦予自己成人的自由同時，也喪失了未成年人在某些行為上的豁免權。請調整好自己的心態，進入大學的獨立生活環境。如果你肯學習新事物，相信在四年的訓練後，你也會建立自己的一套生活哲學，帶著自信，勇敢地面對未來生活的嚴苛挑戰。

### 施老師的叮嚀：

　　大學生活所建立的生活習慣將會影響一個人未來的生活型態與方式。如何在生活中學習成為生活的掌控者，培養獨立的精神，並學會對自己負責的態度，將是大學生活的重要挑戰。

# 培養健康的生活習慣

　　身體是心理的基礎，想要在大學甚至於未來的人生之中，擁有一個幸福美滿的生活，身體健康的好壞往往是一個關鍵的因素。然而，對年輕的大學生而言，在過去的生活中很少遭遇到重大疾病的威脅，曾生過的病大多都是一些可以復原的疾病，因此，經常忽略對自己身體健康的照顧。

　　然而，在過去許多有關健康行為的研究中已經發現，心理健康與生理健康之間存在一個非常高的關係，許多慢性疾病其實是因為長期不良的生活習慣所累積產生的。因此，為了擁有愉快的大學生活，以及未來生活的幸福美滿著想，千萬不要忘了培養好的生活習慣，讓自己的身體在一個穩定正面的生活環境中，累積未來進入社會後的競爭實力。

　　怎樣的生活習慣才算是好的生活習慣呢？首先，在飲食的部分要養成定時定量的好習慣。有許多同學習慣將課表排得非常滿，會為了趕上課而忽略用餐，或是睡得太晚而不吃早餐，甚至為了減肥的因素，一天只用一餐。這些都是一些不好的生活習慣。唸書是一件相當耗費精力的活動，必須以足夠的營養素作為長期奮戰的後盾。長期營養不良或是偏食，絕對是身體健康的殺手，也會影響在課業上的表現。因此，注意自己的用餐狀況，把用餐的時間也列入一天生活的

重要規劃活動中，並隨時注意餐點的營養成份，是促進身體健康的第一步。

　　照顧身心健康的第二個重要事情則是良好的睡眠品質。有許多同學在進入大學之後養成晚睡早起的生活習慣。造成晚睡的原因有許多，有些人是因為白天的住宿環境太過吵雜，無法專心唸書，因此，夜晚安靜的就寢時間就成為最佳唸書、趕作業的時間；有些同學是因為打工上夜班的緣故，無法在晚上好好睡覺；也有些同學是因為 KTV、保齡球或是撞球場等娛樂場所，在深夜的離峰時間所提供的折扣優惠，而熬夜玩樂。表面上，利用夜晚進行這些活動好像是增加讀書效率、賺取或是節省了可觀的金錢，但是，長期而言，這樣的生活習慣可能對身體造成難以彌補的傷害。

　　由於人的睡眠具有一定的規律性，並且會受到陽光日照的影響，長期的日夜顛倒常會造成睡眠品質的低落，也會讓白天上課時的精神不濟、注意力無法集中。對身心健康與學習效果都存在許多不良的影響。因此，想要在學業生活上獲得好的成就，並且維持自己的身心健康，就要讓生活作息具有一定的規律性，這樣才能讓自己可以預期在什麼時間需要辛勤工作，在哪一個時間點可以放鬆休息，這樣才能讓身心狀況維持在巔峰狀態。

　　第三個應該要建立的則是定時適量的運動習慣。固定從事運動，不僅可以維持生理功能之外，也會帶來相當多正面

的心理效益。首先，運動有助於協助青少年維持身材、強健體魄，塑造出健康亮麗的身體意象，這不但可以增加人際關係的魅力，也可增進自己正面的自我概念。其次，在運動的過程中，隨著汗水的揮灑，許多生活中的壓力感受，也會隨著身體的律動而發洩出來。因此，運動不僅可以降低焦慮與憂慮，也會因為腦內啡的分泌，提高幸福的感受。而運動場更是大學生活中重要的社交場合，透過不同運動嗜好的結合，往往可以讓人找到許多志同道合的朋友。因此，千萬不要忽略了運動的重要性。

大學生活是一個為未來漫長人生進行準備的重要階段，在這個時候的生活習慣常會影響未來的生活。人生是一場漫長的馬拉松，不以百米衝刺方式來跑，必須用穩定的步伐、固定的節奏，有恆持續地跑下去。試著在這時候建立良好的用餐習慣、重視睡眠品質，再加上持續運動，相信在日後的人生中，一定可以受益無窮。

施老師的叮嚀：

生活習慣的養成與修正都需要長時間投入大量時間精力才能完成。習慣一旦建立，將難以調整更改。好好地利用大學四年，建立良好的生活習慣，並戒除不良的生活習慣，將會改變自己的一生。

# 住宿生活

　　對高中而言，除了少部分的同學曾經住校之外，大部分的同學主要都是通勤上課。住在家裡意味的是，必須遵循家庭的習慣以及家長所設立的紀律與規範而生活。但這樣的狀況在進入大學以後，會開始出現轉變。

　　由於大學招收學生沒有地域上的限制，而同學選擇學校的考量也以科系的排名為第一考量要件。在選填志願時，想進入的大學是否位處在通勤距離之內，通常不是最重要的考量因素。再加上一些外在環境的限制，除了一些早期設立的大學有可能位處三大都會區附近，新設立的大學都設立在一些較偏遠的地區。這意味著在放榜之後，大多數的準大學生就要做好離家的準備。而如何安排未來四年的居住問題，也會開始困擾著新鮮人。

　　一般而言，如果大學提供的宿舍充足的話，通常校方都會期望新鮮人住進學校所提供的宿舍，體驗一年的住校生活之後，再與志同道合的朋友，自行到校外租屋居住。有許多同學不喜歡這樣的安排，尤其是發現大學將四到六人安排在同一間寢室時，通常覺得太過擁擠，並且希望能多點選擇室友的權利。

　　是的，在一開始搬進宿舍的時候，這樣的感覺非常正

常。不可否認地，大學宿舍真的有許多缺點。除了空間的不舒適感之外，在生活作息上，室友間也會出現互相干擾的狀況；同時，也不容易保有個人的隱私感。此外，宿舍是一個半開放空間，許多人都可以自由進出，也造成私人物品在保管上的困擾。對一些注重隱私權的人而言，共用衛浴設備，也讓人覺得缺乏安全感。但有趣的是，當經過一年的適應之後，對大多數的人而言，學校住宿生活常成為大學生活中一個非常美好的回憶。

究竟怎樣的宿舍才是同學夢想的住宿環境？有些同學希望學校宿舍比照國外大學，以單人房、套房為主，以保有個人的隱私權。此外，有線電視以及網際網路的提供也是大學宿舍應有的設備。然而，國情不同，許多狀況也不同。台灣是一個地狹人稠的地方，可供利用做為宿舍的地方有限；再加上生活費用的節節高升，住宿空間的擁擠是一個為了降低學生開支負擔不得不的選擇。其實，除了這一個先天無法改善的缺憾外，宿舍經驗常為學生帶來許多意想不到的人生經驗。

宿舍除了提供學生一個住宿的地方之外，還有一個非常重要的功能就是：提供一個自然的社交空間。由於大學生來自台灣甚至國外各個不同的角落，每個人都帶著不同的人生經驗來到大學，彼此之間的經驗交流是擴展人生視野非常好的方法。而透過宿舍中自然的互動，不僅可以降低剛到大學就讀的寂寞感，也可以磨練自己的社交技巧、思考自己的生

活方式，並學會選擇適合自己的朋友。一般而言，在宿舍生活結束之後，室友們也有可能成為一輩子的好朋友。因此，除非有一些特殊的理由，嘗試一年的宿舍生活，通常是一個快速適應大學生活的好方法。

　　另外，為求室友間的和諧相處，在住宿初期，快速有效地建立住宿公約，是一件相當重要的事情。住宿公約的一個重要精神就在於室友間彼此的尊重。每個人都必須清楚知道在團體中，除了滿足自己的喜好及需求之外，如何兼顧其他室友，尋求彼此共同能遵守的規則，並創造一個多贏的局面，是建立團體公約的主要目的。在住宿生活中，自我中心是一件不受歡迎並且困擾多數人的事情，唯有透過室友間不斷的觀念溝通，在得到彼此的共識之後，相信住宿生活將會變成是一件非常令人愉快的事，可別輕易放棄這個練習社交技巧的好機會。

施老師的叮嚀：

　　好的住宿環境可以提供一個大學生必要的身心休息以及學習環境，因此，慎選好的住宿環境，將會使大學學習生活事半功倍。好的環境包括合理的硬體設施以及良好住宿氣氛兩個重要因素。因此，除了找到好的住宿地點之外，以溝通的方式建立室友之間的共識以及和平相處之道，也是大學生在創造良好住宿環境時應該注意的部分。

# 租屋生活

　　在經歷一年的宿舍生活之後，大多數的大學會讓學生自行選擇是否繼續住在宿舍之中。有些同學會基於經濟或是喜歡宿舍的單純環境等等理由而選擇繼續居住在宿舍之中，但是，大部分的大學生會因為嚮往更自由的大學生活，而選擇搬離宿舍。這時候，如何找尋一個安全舒適的住宿環境，便成為大學生活的新挑戰。

　　一般而言，校外的住宿環境通常不像學校宿舍一樣單純，也不會有舍監提供全天候及全方位的服務。因此，一旦決定至校外租屋居住時，要做好獨立面對突發狀況的心理準備，並且提早開始對可能發生的狀況，思考可能的解決策略，這樣才有可能擁有一個愉快的校外住宿生活。

　　由於要找到一個理想的校外住宿地點並不容易，通常越早開始尋找，越容易找到理想的房屋，所遭遇的問題也會越少。一般而言，最好在大一下學期的時候，就要開始思考下一年度的居住問題。而底下幾個問題是開始尋找房子前，一定要預先思考的問題。

　　第一，是最實際的經濟問題：「你的租屋預算有多少？」通常，租屋的預算會影響到所租房屋的品質。預算越高，選擇性也越多，所租到的房屋狀況以及維修管理也會越

好；預算越低，對房屋的品質就無法太過苛求，也必須要更提前開始尋找房子。一般而言，物美價廉的房子會非常搶手，常常是可遇而不可求的。越早開始尋找，選擇的機會就會越多。而在思考預算的問題時，也必須將水電、瓦斯，甚至大樓管理費等開銷計算在其中。在詢問房東租屋價格時，記得弄清楚這些花費是否已經包括在房租之中，否則日後會發現，這些固定開銷會是一筆相當可觀的額外負擔。

第二，要考慮的問題是：「你希望跟誰一起住？」一般而言，你有以下幾種選擇：「向房東分租房間，並與房東住在一起」、「分租獨立的套房，與不認識的人住在一起」，或是「與一群熟識的朋友同學一起租公寓居住」。通常與房東同住的房租花費會最低，但是必須尊重房東家的居住習慣，所受到的限制也會最多。居住獨立套房的費用會最高，自由度最不受限制，但是彼此不認識的室友也常常會造成一種居住的寂寞感。而與一群志同道合的同學一起租屋居住的好處是室友間彼此熟識，比較容易溝通相處，並且互相照顧；但也可能因為彼此的熟悉度太高，或是過度依賴，反而造成生活間的互相干擾。

第三，應該思考的問題是：「你希望住在哪個區域？」這個問題所應該評估的事項包括居住環境以及上下課交通的安全與便利性。一般而言，越接近校園的房屋對於上課越具有便利性；所選擇的居住地點離學校越遠，花費在交通上的

時間精力就會越多，也越容易造成個人交通安全上的威脅。此外，居住環境的安全性也非常值得重視。周遭環境是否太過偏僻？出入人士是否太過複雜？過去的治安記錄是否良好？遭遇危難情景，像是火警時，是否容易逃生？等等的問題，都需要審慎地進行評估與思考。

由於找尋一個理想房子需要考慮許多事情，也需要耗費大量的時間與精力，因此，寧可提早開始，也盡量不要拖延到最後一刻。有許多同學往往是因為沒有預留充分的時間，導致日後匆匆忙忙決定住處，而搬進一些不滿意的房子，造成日後的困擾。

至於如何找到一間理想的房子？除了一般房東所張貼的小廣告、網路網站所提供的資訊之外，學長姐的推薦是一個相當理想的途徑，尤其是大四即將離校的學長姐的推薦，由於他們長期生活在學校附近的生活圈，熟悉附近的環境，也比較懂得爭取自己應有的權益，除了可以提供極佳的租屋情報之外，也會提供與房東互動的經驗分享，接手他們即將搬離的房屋，是一個可行的選擇。

大多數的學校都有提供租屋服務。學校通常都會對這些房屋以及屋主狀況進行初步的篩選，因此，透過學校所取得的房屋都有一定的品質保證。此外，透過大型仲介公司租屋雖然需要付出一部分的仲介費用，然而，在定型化契約的約定之下，通常對屋主與學生都具有較佳的保障。

　　此外，許多學生在租屋時往往忽略了基本的租屋禮節，引發與屋主或是鄰居一些不必要的糾紛。在這裡需要提醒的是：包括如何保持房屋的良好狀況、不要隨意破壞房屋裝潢或是任意釘上釘子；如何保持住屋環境的安寧，避免因為日夜顛倒或是舉辦聚會時所產生的噪音，影響鄰居的生活作息。還有，如何維持清潔的生活環境，讓房屋在歸還時，須保持與交屋時一樣的狀況，都是一些租屋時應該注意的基本禮儀。

　　當然，在搬進一個新的租屋地點後，仍然可以對房東進行一些合理的要求。其中最重要的是舊鎖的更換。由於大多數出租房屋的流動率都相當高，無法預期多少人曾經持有這個房子的鑰匙，也無法確定是否有一些陌生人持有複製鑰匙在身上。為了自身的安全，在搬進去之前，要求房東或自費更換新的門鎖將對自身的安全提供基本的保障。此外，對安全設施的了解，以及逃生路線的規劃，也是搬進一個新住處時應該優先處理的事情。唯有謹慎保持自身的安全，才有可能享有優質的校外住宿生活。

施老師的叮嚀：

　　好的住宿環境人人想要，越早尋覓，越容易找到適合自己需求的房子。一般而言，透過學長姐的推薦或是學校住宿服務單位的篩選，比較容易找到符合學生需求的房子。一旦找到適合的住宿地點，一定要注意住宿禮儀，這樣才不會造成鄰居與自己不必要的生活困擾。

# 行的安全

　　在進入大學之後，交通問題常常成為大學生的新困擾。在高中時期，由於大部分的學生年齡未滿十八歲，不能合法考領機車駕照，因此，學校大多禁止學生騎乘機車上下學。然而，進入大學之後，除了少數都會型的大學位處都市，交通較為方便，可以運用大眾交通運輸工具之外；大部分的大學因為位處較偏遠的郊區，在缺乏便利、有效率的交通服務情形下，機車便成為大學生最常使用的交通工具。

　　其實，從心理學的觀點來看，對許多的大學生而言，機車並不只是一個交通工具而已。機車除了提升行的方便之外，有時候也代表一種掌控感，讓騎乘者可節省不必要的等待時間，並且可以隨心所欲地前往任何想要前往的地方。有些時候，機車也是一種自我認同的媒介，透過不同廠牌車型的選擇，或是對機車外表加以個人化的裝飾，可以表現出自己不同於別人的品味；機車也是一種社交工具，透過對同學所提供的搭載服務，可以換取更多與別人的互動機會；機車也可能是一種聯絡感情的工具，透過它，可以參與更多的聯誼及社交活動，增廣自己的交遊圈；機車甚至可以是自己身體的延伸，透過對機車的操控，可以讓騎乘者增進對自己身體平衡感，以及對機械操控感的了解。就是因為機車的潛在

意涵這麼地多元，擁有自己的機車對於許多大學生而言，是一件非常重要的事情，但這也往往是引發親子關係緊張的一個衝突點。

對於大多數的家長而言，當大學生提出購買機車的要求時，常會因為安全的理由而抱持著反對態度。在成人的眼光中，機車是一種危險的交通工具。的確，每年每所大專院校或多或少都會有學生因為不當騎乘機車發生一些不幸的交通意外。由於機車對於乘坐者無法提供適切的保護，一旦發生碰撞，小則輕微的皮肉傷，大則嚴重的身體傷害，甚至造成其他用路人或是騎乘者死亡的狀況。難怪許多家長在面對大學生提出購買機車要求的時候，會有所遲疑；而在買完機車之後，心裡面更是提心吊膽，深怕自己的孩子會因為交通的意外而受到傷害。

為了避免家長擔心，也避免交通意外對求學生活產生不可預期的影響，大學生應該要學習建立起良好的機車使用習慣，透過正確的機車駕駛行為，表達出對生命的尊重，也讓自己蛻變成一個可讓人信任，並且能夠為行為負責的大學生。

在這裡，要提醒大家一些容易產生危險，並且需要注意的不良駕駛習慣。首先，有許多大學生因為一些理由，像是怕熱、怕壓壞髮型，甚至覺得太難看，而沒有養成隨時戴安全帽的習慣，甚至只在進出校門或是怕警察取締時戴一下應

付檢查而已。這是一個非常危險的事情，因為掌管人類高級認知功能的部分就在大腦之中，一旦大腦受到嚴重的撞擊時，許多的功能可能會受到傷害，而這些傷害往往都是難以回復的。因此，騎乘機車戴安全帽絕對不是一項政府找人民麻煩的政策。機車的意外常常來得非常突然，有許多人都是靠安全帽才撿回一條寶貴的生命。所以，當你騎上機車時，千萬不要忘記戴上它！

其次是現代機車引擎技術的日益精進，機車性能的提升也帶來了機車超速行駛的問題。尤其當一群同學一起騎車出遊的時候，同學常為了維持車隊的完整，出現超速的行為；甚至因為一時的興起，與同學小小地飆起速度來。然而，在享受速度的同時，其實也代表了反應時間的縮短，許多時候，短短的幾秒鐘就可以決定一次的意外是否發生。請切記！「十次車禍九次快」，如何能夠維持自己的行車原則，不受到環境的影響，讓自己陷入危險的情境之中，是一個成熟的大學生應該努力思考的部分。

此外，有許多的大學生是在上大學之後才考取駕照，開始騎車。由於行車經驗不足，對一些危險情境也缺乏戒心。在公路上，大型車輛由於體積龐大，行車死角多，常常無法在第一時間之內注意到機車的行車路線，因此同學要懂得禮讓大型車輛先行。尤其是大型車輛在轉彎時需要較大的迴旋空間，如果同學緊貼大型車輛行駛，常會造成意外發生。而

大型車輛因為體積龐大，行車速度較為緩慢，機車騎士常常為了超車而闖入快車道或是逆向車道中，這都是意外發生的主要原因。因此，寧可多讓一讓，也不要把自己的性命賭在馬路上。

另一個大學生常出現不良的騎車習慣是並排行駛。常常有許多同學在路上遇到同學，便一路並排行車、聊起天來。並排行車不僅容易阻塞道路，也容易分心；更令人擔心的是：兩輛機車之間沒有保持好安全距離，往往一個小小的擦撞，就會導致人車倒地，遭到後車的追撞。因此，千萬要避免並排行車的不良習慣。

最後要提醒的是疲勞駕駛的狀況。無法避免地，在大學生的生活圈中，常會有夜遊、到 KTV 夜唱或是長途騎車旅遊的習慣。其實騎車是一件非常耗費精神以及體力的活動，在一夜未眠或是長時間駕駛機車、身心疲憊的情況下，往往會讓駕駛者無法應付複雜多變的路況，做出最正確的判斷，而意外也常會發生在這樣的時間點。因此，提起精神，讓自己在騎上機車的那一剎那保持最佳的精神狀況，是大學生保護自己必盡的責任。

總之，由於台灣的交通狀況非常複雜，常有許多難以預料的情形發生。唯有靠每個人提高警覺、合理地使用交通工具，才能讓意外降到最低點，自由自在地享受行的快樂。

施老師的叮嚀：

　　注重行的安全，避免不必要的受傷，是每個大學生應該負起基本的責任。所有交通工具的功能都在於將一個人運送到他想去的地方，而不是一種內在心理形象的呈現。不要因為一時的有趣以及衝動，導致不必要的遺憾發生。

# 財務規劃

　　成為一個大學生之後，另外一個生活上的大挑戰就是如何打理好自己的財務。一般來說，比起高中時期，家長通常會給予大學生更寬容的財務自主空間，也較少過問同學的金錢使用狀況。因此，如何妥善地支配自己的金錢，不讓自己的大學生活陷入一種為錢所困的窘境，便成為大學生表現出成熟獨立自我的絕佳機會。

　　無可否認地，現在的社會中充滿了許多物質上的誘惑，每個人可能都有他夢想的物質生活。有些人會期待擁有性能絕佳的機車或是汽車；有些人會期待擁有一些名牌的服飾或飾品來妝點自己；有些人會希望擁有比別人功能更強大的電腦系統；有些人會期待自己擁有更多的金錢可以進出一些美食餐廳……。人的慾望真的是無限，可惜的是，人可以支配的金錢卻有限。如果讓自己的慾望無限制地膨脹的話，通常會陷入一種對金錢的渴求感，甚至產生一種金錢至上的拜金主義想法。這些想法一旦產生之後，通常都會干擾到求學生活的順暢性，也會讓自己陷入在「缺錢、找錢、借錢、領錢、還錢」的痛苦循環深淵中。因此，養成對用錢的正確態度，並且合理地去支配自己所擁有的金錢，是大學生活中值得投注精力、努力學習的事情。

　　要怎樣才能做好財務上的管理呢？首要之務就是先了解自己的收支平衡狀況。有許多同學常搞不清楚自己每個月到底有多少金錢可供支配；也搞不清楚自己到底需要多少金錢才能應付日常生活的開銷，直到月底的時候，才發現自己處在一個非常嚴重的透支狀況，不得不向身旁的親朋好友、銀行借貸，或是急急忙忙找尋一些打工機會，才能勉強度過財務危機，這都是一些徒增大學求學生活困擾的事情。因此，最好的狀況就是養成記帳的好習慣。

　　在進行記帳時，記錄的項目最好包括消費品項及消費金額，並且需要加以註記付款方式：這筆款項是以現金的方式支出或是以信用卡刷卡的方式付款。如果是以信用卡付款的方式，最好加註應繳款日期，並且對於每張卡片目前已有的消費累計數額加以記錄。透過這樣記帳的方式，就可以非常明白地了解自己金錢流入、流出狀況。同時也能了解自己的消費習慣。

　　下一個必作的功課是：在每個月底的時候，針對這個月的支出與收入部分進行診斷，了解金錢的確實流向。在進行這樣的診斷時，除了必須要了解最終的總結收支平衡狀況外，更重要的是針對每一個消費細項進行謹慎的思考與評比，並將所有的花費劃分為「必要生活支出」、「學習生活花費」、「社交生活花費」以及「生活享樂花費」四類。

　　所謂的「必要生活支出」，指的是每天維持食衣住行需

求的基本花費，是最基本無法加以縮減的部分；「學習生活
花費」，指的是購買書籍、文具、參加補習等為了學習目的
所產生的花費，以生涯規劃的觀點來看，是值得投資，用以
提升個人未來生涯競爭力的花費；「社交生活花費」，指的
是個人在參與社交互動生活時所需要的支出，是一些可以提
升生活正面品質、維繫人際關係存在的花費；「生活享受花
費」，指的則是為了滿足個人慾望所購買或從事的一些非大
學生活絕對必要性的物品或消費。

　　在將自己的消費結果根據這些向度進行分類之後，就可
以很明白地知道的金錢流向，並且可以根據這樣的紀錄，調
整自己的消費習慣，讓自己手上的錢能夠用在最需要的地
方。對大學生而言，最好先滿足自己「必要生活支出」之
後，將額外的金錢投入「學習生活花費」之中，然後再將金
錢分配至「社交生活花費」之後，行有餘力，才將多餘的金
錢投入「生活享受花費」之中。只要持之以恆，累積一段時
間的財務控管經驗，便可以依據過去的消費狀況編出個人的
生活花費預算表，並且按照自己所編列的預算，仔細掌控支
出，避免突發、不理性的消費行為，相信依循這樣的步驟，
很快就能將自己的生活花費控制在一個合情合理的範圍之
中。

　　此外，對大學生而言，需要建立兩個非常重要的消費觀
念。第一個正確觀念，消費是一件非常個人的行為，千萬要

考量自己的環境與能力，不要羨慕或盲目學習身旁同學的消費觀，以免過度從事不適合自己的消費行為，造成日後在財務上的困擾。

　　第二個正確觀念，除非必要，否則絕對不要輕言借錢。由於經濟環境的轉變，大學生越來越容易取得一些小額貸款的授權，而在信用卡以及現金預借卡的彈性運用上，也讓大學生擁有更多的財務運用空間。但相對地，如果個人缺乏自制能力，在這樣的狀況下，非常容易讓大學生在還沒有進入社會之前，便已經具有相當程度的負債；再加上小額貸款的利息通常都維持在一個非常高的利率上，一旦需要繳交利息，通常雪上加霜，會讓借款者的財務更加惡化。而一旦借款過多超越個人還款能力，產生逾期繳款的情況，會對個人的信用紀錄產生不良的影響，也會在未來需要向銀行進行房貸、車貸或是創業貸款時，面臨更嚴格的審核標準，增加通過審核的困難性。唯一能夠避免這樣的困境發生的方法，就是防範於未然，不要輕易負債！

　　總之，大學生的財務規劃雖然看起來繁瑣不起眼，但卻是大學生活中重要的一部分。每個大學生都要學習對自己的財務進行規劃，並且妥善掌控消費，相信在適當的分配與控管下，不僅在生活上不會有金錢的窘迫感，更可以在現有金錢的妥善運用下，完成許多自己生活的夢想。

💡 施老師的叮嚀：

　　財務規劃與管理是一項應該在大學生活就該學習
建立的好習慣。合理的消費習慣是一種生活的必要能
力，要懂得抗拒過度消費的誘惑。非到必要狀況，不
要輕易負債。過早的借貸習慣將會降低未來的生活品
質，甚至落入貧窮負債的深淵中。

# 壓力管理

　　表面上，大學生活人人稱羨，好像是一段無憂無慮的日子。但實際上，也有許多不為人知道的煩惱。其中，壓力的排解與調適是大學生活中的一大挑戰。

　　壓力是一個大家常掛在口中的名詞，但也是許多人共同的疑問：「壓力到底是什麼？」從學理的觀點來看，壓力是一個非常複雜的概念；但如果以一個簡單的方式來說，壓力其實就是一個人在面對他所處的環境時，所發生的事件超過自己本身生理以及心理狀況所能夠負荷，並且沒有妥善的方式或是足夠的社會資源可以協助自己走出這些困境時，都可以稱之為壓力的發生。

　　而壓力又從哪裡來呢？雖然有許多教授抱怨現代大學生的求學態度比起十年前差，但有趣的是：有許多針對大學生的壓力源所進行的研究卻發現，現代大學生最大的壓力源卻依然還是課業壓力。而其他常見的大學生壓力源則包括對自我概念的迷惘、人際關係的困擾，以及兩性之間的交往問題。這些壓力來源說明了課業其實還是大學生的生活重心，而究竟自己有怎樣的特質、是否能夠獲得身旁他人的認同與接納，以及是否能夠找尋到心儀的異性對象，並且與他好好相處，都形成了大學生活中必須面對的壓力問題。

　　而壓力源的出現，對我們的身心狀況其實會產生相當程度的影響。一般來說，當我們的身體感覺到壓力的來臨時，會先出現警覺反應，再來就進入戰鬥。想要奮力一搏、解決壓力，或是逃跑，乾脆躲開這個令人感覺到不愉快的情境適應期。在這個時期，體內的內分泌系統會分泌許多不同的荷爾蒙來協助身體進入一種強烈激發的狀況，以應付這些意外的狀況。但是這也會讓身體處在一種高度緊繃的狀態，容易讓人感覺到焦慮、緊張等不舒服的感受。

　　如果壓力一直沒有辦法排除的時候，身體就會進入壓力因應的第二時期，也就是抵抗期。這時候的身體激發狀況雖然不像剛警覺壓力的時候那樣激動，但是仍然處在一種高緊張的狀況。隨著這些緊張沒有辦法消除，有許多的適應性疾病就會跟著發生，這些問題包括消化道的潰瘍問題、高血壓、氣喘，甚至免疫系統，都會產生變化。而這樣的狀況如果長期沒有辦法解決，就會進入最後的時期——衰竭期。當長期壓力把身體能量耗盡，免疫系統無法得到充分休息的時候，身體的健康會開始走下坡，甚至導致死亡的不幸結果。因此，長期無法解決壓力的後果相當嚴重，是一個真的需要學生去認真面對的問題。

　　至於應該要怎樣做才能免除壓力的威脅呢？在這裡，提供一些方法供大家參考。第一，要建立一個正確觀念是：人生沒有真正無法解決的事情，只要找到正確方法以及人的協

助，所有的壓力都可以處理。當一些會帶來壓力感受的生活事件發生的時候，不要有一種「世界末日即將來臨」的恐懼感。當人在面對一些從來沒有經歷過的新事件，陌生感往往會加重壓力的影響，並且帶來慌亂的情緒感受。這都是一些非常正常的現象，不要害怕或排斥這些強烈的情緒，但也不要讓它一直干擾自己的思緒。唯有找出問題的起源，勇敢面對問題並找出解決之道，這才是解決壓力的最佳態度。

　　第二，要想辦法降低可能的壓力源。有一些事如果累積到一定的程度，並且需要在非常短的時間中獲得解決，往往會帶來嚴重的壓迫感而且形成無法負荷的壓力。因此，了解自己的生活節奏，將事情平均妥善分配到生活中慢慢處理，通常有助於降低壓力的感受。對大學生而言，課堂報告是在大學生活中常需要面對的，但也讓人覺得有壓力的學習方式。許多人在安排報告時間的時候，會將這些報告時間往學期的後半段挪，這也形成在開學之初非常地空閒，而到學期快要終了的階段，卻是忙得不可開交，而感到無法承受的課業壓力。因此，學會分辨自己的壓力源，並以最妥善平均的方式去分攤解決壓力，是第二個應該學習的技巧。

　　第三，能夠有效地解決壓力的技巧就是妥善地運用身旁的人際關係。隨著知識文明的快速發展，人類社會漸形複雜，對於大學課業學習的要求也越來越多元化。在完成一份學習報告時，所需要運用的學習方法與知識也相對地複雜許

多。有時候，依靠個人能力是無法獨力完成的，因此，如何適時地提出自己的疑問，請教身旁握有資源、懂得解決問題的人，並請求他們的協助，在合作的模式底下解決所面臨的困境，往往是一個擺脫壓力的有效方法。

第四，則是對於自我的磨練與練習。在過去的許多研究中發現一些在對抗壓力時，非常有效的個人特質。這些特質包括對自我的掌控感以及堅毅的人格特質。自我的掌控感是一種對自己的信心，相信自己具有足夠強大的力量可以掌握生活變化，不但可以避免負面生活事件發生，並且可以創造許多正面的美好影響。而堅毅性的人格則是指個人可以忍受抵抗壓力，並且不會受到壓力負面效果影響的程度。當自己對生活擁有更高的掌握感，並且能夠一次又一次地在面對壓力時取得有效解決生活困境的經驗，這將有效地降低壓力對個人的影響及傷害程度，也會讓人逐漸習慣與壓力共處的感覺。

有許多同學在心中常會期待一個沒有壓力、輕鬆自在的烏托邦出現。然而，這樣美好的世界通常並不存在現實生活之中，只要人存在著，壓力通常也會如影隨形地跟著。唯有自己深刻地體認到壓力不可能憑空消失，並且學會如何與它們和諧共處時，壓力有時候也會成為生活中的一種助力，陪伴著我們一起向自己的極限挑戰，獲得許多自我成長的美好經驗。

施老師的叮嚀：

　　壓力源一旦出現之後，除非勇敢地去面對它，或者是改變內在的想法，把它當作是一個不具威脅性的事物，否則它將不會消失，也會繼續困擾我們。因此，與其逃避壓力，不如有計畫地去面對、對抗它。或許有一天我們會發現，壓力不再是一個傷害我們的事情，甚至我們要感謝這些壓力，因為它們是促成我們自我成長的關鍵因素。

# 避免物質使用的影響

　　在現代的台灣社會中，充滿了許多可以帶來改變意識狀況的物質。有些是社會文化可以接受，像是香菸，或是酒精。這些物質不但在法律上具有合法地位，並且可以在日常生活中隨處取得、任意使用。但有些物質則是社會規範無法認同，並且被法律明文規定禁止使用，這些物質包括大麻、安非他命、搖頭丸等管制藥物。但不論是合法或是非法的物質，當這些東西進入人體之中，都會透過藥理的作用改變人體的生理狀況，得到一些奇特的快感與意識經驗。由於這些物質具有讓身體成癮的特性，對身體來說，這些物質會構成致命的吸引力，讓人不斷地重複使用這些物質，追求特殊的生理感受。

　　除了這些生理因素會讓人沈迷於物質的使用之外，另外一些影響個人使用物質的原因則是心理因素。有時候是一種透過對物質使用行為的認同，來建立自己已經長大成人的自我形象；有時候是因為身旁的同學都在使用這些物質，當自己沒有使用這些物質的經驗時，沒有辦法融入同學的社交圈子之中；有時候是一種社交手段，藉由一起使用某些物質，可以建立一種對小團體的認同感：有時候是一種追逐新鮮事物的心態，想去嘗試一些過去所不曾有過的新奇經驗；有些

時候是希望能在使用物質的過程中，釋放在心中積壓已久的壓力；有些時候則是一種習慣，希望能透過這些物質排遣生活中一成不變的單調枯燥感覺。

這些是每個人開始使用物質的不同原因與理由，但是，一個相同的狀況是：一旦養成了使用這些物質的習慣，它將會變成生活的一部分。隨著與這些物質相處時間的增加，你也會越來越無法離開這些物質，這些物質的負面影響也才會慢慢出現。這些東西非常像是一些包著糖衣的毒藥，在一開始的時候，會讓人嚐到快樂幸福的喜悅感，但是隨著日子的增加，你開始需要大的劑量，才能得到一開始接觸這些物質時所帶給來愉悅感受，而你的生活將會圍繞在尋找這些物質所帶來的高峰經驗上，慢慢地，真正在控制你生活的不是自己的靈魂，而是這些物質。或許，使用物質就像是與魔鬼在交易自己的靈魂一般，最後的代價就是寶貴的生命。

而大學是一個非常特別的學習環境，它鼓勵學生去追求一些新的生命體驗，也提供了一個非常開放的環境讓學生去追尋自我生命的意義。在這個環境中，來自外在家庭、學校與社會的行為約束力量是相當微弱的，它所強調的是一種發自內在的自我約束力量，因此，學生必須學會一種對自己行為的負責態度。不可諱言地，有許多同學是在校園之中喝下第一口啤酒，哈他生平中的第一根菸，甚至第一次見到搖頭丸這一類的非法物品。而這些都是現實生活的一部分，很難

完全從人類的環境中消除。因此，除非自己很清楚了解自己現在在做什麼？在未來的日子中，這些東西將對自己的生活產生怎樣的影響？以及這些影響是否是自己真心所喜歡並且追求的？才會有足夠的動機與能力去抵抗這些物質所帶來的致命吸引力。

到底個人應該要怎樣做才能將使用物質的機率降到最低的狀況呢？首先，最好能夠盡量避免接觸使用這些物質的情境。由於這些物質大多都具有成癮性，一旦開始使用之後，身體常常會出現生理與心理的雙重依賴，而個人對這些物質的抵抗自制能力也比我們想的低許多，因此，唯有降低與這些物質接觸的機會，也才能降低使用它們的機率。

其次，是學會一種肯定自己對物質說不的正面態度。許多時候，菸酒常常是一種社交工具，尤其是在男性的社交場合中，抽菸、喝酒的行為常常與豪邁的男性形象連結在一起，似乎不會抽菸、不會喝酒，就無法融入歡樂的社交氣氛，並且缺乏男性的氣魄。而身旁他人的起鬨與勸說，似乎也造成了一種不得不喝的社會壓力。因此，常有許多人會以「人在江湖，身不由己」的話作為藉口，強迫自己喝下一口又一口，自己卻不是那麼喜歡的苦酒。

其實，有許多人在這樣的社交場合中，犧牲的是自己的立場與喜好，順從的是一些不一定合理的社會壓力，所帶來是一種虛幻的社會讚許，獲得的卻是以自己身心健康作為代

價的不良後果，在這樣的過程中，看不見明確的受益者，卻可以發現必然的受害者，真是何苦來哉！因此，學會做自己，用一種婉轉不破壞團體氣氛的方法來堅持自己的想法與立場，才是一種真的疼愛自己的方法。

　　而從另外一個角度思考，一個會強迫別人放棄自己的喜好，而屈服於團體規範的團體真的是一個會令人身心愉快的團體嗎？或許這是一個契機，讓人了解這個團體成員對人性的尊重態度。要記住！唯有與懂得尊重他人的人互動，這樣的友情才會可長可久，否則，你可能只是與一群沒有放真心在互動當中的人，玩一場虛偽的社交遊戲而已。

　　拒絕物質的誘惑其實是一連串與自我不斷的對話過程。物質在一個精神空虛的社會中是無法禁絕的。在這樣充滿誘惑的環境，唯有透過不斷地自我澄清、擁有對自己生命的控制感，你才能在未來的人生中避免物質的傷害，獲得更美好的人生經驗。

**施老師的叮嚀：**

　　在大學社交環境中存在著香菸與酒精這些合法，但長期使用會對身體產生慢性、不可逆傷害的物質。有些人把它當作是社交場合中聯絡感情的非語言溝通方式，但這些物質的使用將在日後引發一些必須由個人來承擔的危險後遺症。因此，學會拒絕這些物質的誘惑，還給身體一個安全無害的運作空間，是每個大學生應該要學習的事情。而尊重他人的拒絕，不強加個人的意志於他人身上，也是每一個大學生所應學習的社交禮儀態度。

# 精神疾病的預防

在台灣的社會中，精神疾病是一個存在已久，卻被刻意忽略的話題。

精神疾病是一群疾病的總稱，這些疾病的共同特徵是病友的認知系統無法正常運作，並出現一些不同於正常人的情緒、思考以及行為。而這些異於常人的表現，往往讓患病者顯得難以預測與相處，這也使得一般社會大眾將精神病患者視之為異類，並且盡量避免與他們互動相處。

然而，如果以流行病學的盛行率來進行推算，目前台灣有一定比例的人口正被精神疾病的問題所困擾；而從個別發生率的角度來推算，每個人都有一定的機率可能受到精神疾病的困擾。這樣的現象反應在大學的校園中，的確可以發現一群飽受精神疾病困擾的同學，隱藏在校園不為人知的角落中。

為什麼在我們的社會中會刻意輕忽精神疾病的存在呢？最主要的因素是：在台灣的文化觀念中，精神疾病是一種不名譽的病，一旦家人罹患這樣的疾病時，除了最親密的親朋好友之外，通常並不希望太多人知道，而這些病人也會被隱藏在家庭的保護中。對病人自身而言，他們也害怕社會大眾會因為知道他們曾經罹患這樣的疾病而排斥他們，在不希望

別人知道自己曾經罹患精神疾病的前提下，個人也會隱瞞過去的病史，這就是為什麼多數的人並不覺得精神疾病在台灣社會中是一個重要並且急需處理的問題。

然而，隨著醫療知識與技術的進步，精神疾病的神祕面紗已經逐漸卸下，他們不再是一些無法處理的疾病；而如何適時提供病友適當的協助，也成為社會現代化的一個重要指標。對大學生而言，在大學求學時期，建立對於精神疾病正確的態度與觀念，並且學習以合情合理的方式與病友相處，是成為現代公民不可或缺的訓練。尤其是大多數的同學在進入大學之後，處於離開家庭、獨自生活的處境中，家庭的保護功能已經降低，所能提供的協助也相當有限。因此，同學在求學時期面臨精神疾病的侵襲時，同學之間的協助，往往是日後疾病復原的重要助力與指標。

由於精神疾病的成因非常複雜，個人的體質因素、家族的遺傳、內在的心理特質、周遭的社會環境，以及社會支持系統的良莠，都有可能是引發精神疾病的原因。但值得慶幸的是，除了少數棘手的特殊案例之外，罹患這些疾病的病人透過醫療系統的處理以及身旁他人的協助，身心功能都可以恢復到相當不錯的正常水準。對於這些曾經罹患精神疾病的同學而言，除了在急性期時能夠適時地得到適當的醫療協助之外，在症狀緩解之後，周遭他人的接納以及自身與所處環境的正常互動，也對於疾病的是否復發，扮演一個非常重要

的影響角色。因此，如何在校園環境中塑造一個正面溫暖的環境，接受精神疾病的存在，並且以適當的態度與這些同學互動，是每個大學生應該在大學生活中學習的課題。

至於應該如何來面對精神疾病呢？首先要建立的觀念是：精神疾病並不是一件可恥的事，一旦罹患精神疾病之後，只要配合醫囑、定時服藥，並且致力於改善個人所存在的心理、社會環境，每個人都可以回復正常生活。因此，不要諱疾忌醫，定時回診，是面對精神疾病的第一個必要的步驟。其次，通常精神疾病在發作之前都有一些前期的徵兆。雖然不同的疾病會具有不同的症狀，這些需要經過專業的精神醫學訓練後，才能進行分類與診斷。然而，同學可以留心的是：一旦身旁同學開始出現一些異於平常的行為，像是從非常安靜沈默的個性開始變得活潑多嘴，或是活潑的同學變得非常退縮，或是出現一些怪異的想法，像是身旁的人都在試圖害他等等這類非常奇特的現象出現時，同學可以將這些訊息傳遞給家長、導師或是學校中的輔導老師知道，協助就醫，及早進行適當的處理，都有助於日後的病情改善。

當同學被診斷出罹患精神疾病時，在急性發作期中，因為病友的認知、情緒，以及行為控制能力，都會受到相當程度的影響。一般而言，學校會建議同學暫時休學一段時間，以針對病情進行調養及控制。但是，病情獲得控制，症狀緩解之後，這些同學仍然需要回歸原先的正常生活中，繼續他

們的人生旅途。在這個時期，就是他們最需要同學提供協助的時候。

對這些病友來說，他們最擔心的問題是：「身旁他人會以怎樣的眼光看待他們？」、「會不會因為在病程中所出現的奇特行為而讓同學畏懼並且排斥與他們共同上課以及互動？」這時候，他們最需要的是一種溫暖包容的社會環境。因此，同學可以用正面關懷的態度，營造一個輕鬆的學習環境，歡迎他們回到校園之中。

對於一些因為疾病而伴隨出現的症狀，同學要學會包容與接受，這些症狀就好像感冒時會出現咳嗽、流鼻水的狀況是類似的，這是難以控制與避免的。這些症狀不可能立即消失，也可能因為分組的工作而影響你的學業表現上。但對於病友而言，與其他同學一起合作完成這些作業是邁向康復之路上的重要訓練，因此，同學的合理要求與接納，往往加速病友的康復速度。

另外，為了控制精神疾病症狀，長期服藥是一件必要的事。但許多病友在症狀緩解之後，就會因為各種因素自行停止服藥。但對疾病的控制而言，這是一件非常不恰當的事情，甚至引起疾病的復發。因此，同學可以適時關心並提醒病友按時用藥以及定時就醫，這對於疾病的控制與康復都會產生極大的幫助。

最後，另一樣可以提供協助的部分是擔任疾病症狀的觀

察者。由於精神病友對於疾病發展的知覺程度不佳，對於一些病徵常會採取忽略與否認的態度。因此，同學是協助觀察症狀變化的最佳夥伴，一旦同學出現異常的現象，通知家長、老師以及相關專業人員提供協助，將有助於疾病的控制。別忘了，越早以及越多的協助，病友復原的機會越高，發病的嚴重程度就會越低，也越能夠回復正常的生活。

　　總之，當精神疾病已經成為現代生活的一部分時，學會與它共處，是大學生必須學習的課題之一。當個人能夠超越對精神疾病不合理的恐懼，對一個受苦的心靈提供適當的協助，就是一種文明進步的象徵，也是一種高尚心靈活動的表現，這就是大學人文關懷的精神所在。

**施老師的叮嚀：**

　　精神疾病的發生非常複雜，包括生理、心理、社會等多重因素，其原因相當錯綜複雜，因此，不要污名化具有精神疾病的同學是一個重要的觀念。當身旁的同學出現精神疾病的狀況時，用包容的心態看待，並且適時伸出援手，這是在大學中值得學習的人文關懷精神。只有當我們的社會中充滿了互助與彼此支持的精神時，我們才能宣稱台灣是一個文明進步的現代社會。

# 第 5 篇
# 社交生活篇

# 大學生的人際關係

　　在進入大學之後，大學生的人際關係與高中時期相比，將會面臨在型態以及互動方式上的轉變。由於大學生來自全國各個不同的縣市，相當多的同學將會第一次離開家庭，進入一個年齡層非常接近的同儕團體生活之中。同學們與家庭之間的聯繫，也會面臨因為沒有生活在一個共享的時間、空間中，出現的微妙變化。在離家的前幾個月，不論對雙親或是孩子而言，都是一個未曾面臨過的新情境。對於某些關係特別親密的家庭而言，因為上大學所導致的親密感降低、空巢期的適應，都會帶來過去親子關係中未曾面臨的挑戰與危機。

　　而對於大學生而言，在進入大學這樣的陌生環境裡，如何快速地融入新的社會環境，並且與身旁人的建立穩固的社會關係，也將對於未來的求學生涯產生深刻的影響。尤其是大學的「同學」概念與過去高中時期相當不同。隨著修課自由度以及差異性的增加，同一個班級同學相處的時間將會大為縮短，生命共同體的感覺也會隨之降低，這些變化都是大學生新生必須注意的轉變，並且需要提前加以調適。

　　除此之外，師生關係也是一個需要調適的人際關係。在過去的求學生活中，老師與學生之間一直存在著一個非常緊

密的關係，固定的班級會有固定的老師擔任導師，協助學生處理學習生活各方面種種問題。然而，在進入大學之後，雖然仍有導師制度的存在，但是導師與學生之間的聯繫並不像高中時期一樣地緊密，因此，如何調整心態，重新思索學生與導師之間的關係，並且如何互動，將是本節文章中一個重要的討論話題。

在大學的學習過程中，專業的學習是一個非常重要的部分。然而，大學的社會情境開始接近未來的真實社會生活。或許這些多變的人際關係會讓人感到困擾，也出現一些適應不良的感覺。然而，只要能夠勇敢地去面對這些困境，思索並且建立一套獨特的因應模式之後，這些在大學正式課程中學習不到的寶貴生活經驗，就能夠幫助我們在未來離開大學校園之後，能夠更快速地融入多變複雜的社會生活之中。大學是一個小型的社會試驗場，能夠在這個環境中，有效地管理自己的人際關係，自然也可以在未來社會生活中擁有良好的社交生活。

現在，就讓我們一起來討論要怎樣才能有效地管理大學的社交生活。

# 有效的人際溝通技巧

　　每個人都希望成為一個受到他人歡迎的人。到底有哪些有效的人際溝通技巧可以讓自己成為人際關係的高手呢？

　　第一個重要的人際溝通技巧是：「做一個不以自我為中心思考的人」。由於大學這個階段是脫離家庭、尋求獨立的重要時期，許多大學生為了要突顯自己與眾不同的特質，常會以較強勢的方式來表達自我主張。當自己的意見沒有辦法獲得團體多數成員的認同時，也常會用強烈的情緒反應來表達自己的感受。然而，大學是一個多元化的社會，對一件事情往往會有不同角度的意見與看法，在這樣的氣氛下，團體成員間要對每個議題都達成一致的意見是一件不容易的事情；個人的意見也不見得百分之百都會獲得團體的贊同與接納。因此，當某些想法無法得到多數人的支持時，在堅持自我主張之前，試著了解別人的想法和意見，並重新思索自己的意見是否有些值得修正的盲點，會讓這些想法更具有彈性包容，也會避免讓人有一種過份堅持己見，並且難以共同合作的感受。

　　第二個重要的人際溝通技巧是：「以同理心對待身旁的他人」。大學是一個人與人緊密相連的環境，每個人的一舉一動都會影響到周遭他人的感受，而這些感受是相當敏感，

容易受到傷害，並且不容易進行修補。因此，在人際互動開始之前，先跳脫自我中心的角度，用心思索自己的言行所可能引發的反應與感受，並且依據這些預測修正行為，自然可以擁有較順暢的人際關係。

第三個重要的人際溝通技巧是：建立具「承諾、負責任」的形象。在大學生活中，有許多事情需要人與人之間的互助合作才能完成，個人的成就也建築在彼此的共同合作及努力之上。因此，如何建立自己值得信任，並且會勇於承擔責任的印象，便成為大學生在人際互動中非常重要的一件事。由於形象的建立需要長期的時間，也必須透過與他人合作的成功經驗，才能逐漸累積建立而成。因此，妥善把握每次互動的機會，培養自己值得信任的形象，是每個大學生應該重視管理的事情。

第四個重要的人際溝通技巧是：「主動的態度」。對許多人而言，因為不喜歡被人拒絕的感覺，因此在人際關係上採取被動的態度，只在別人釋放友善的訊號之後，才願意開放自己投入這段關係之中。當然，在人際關係技巧生疏的前提下，擔心自己是否受到歡迎而採取保守的人際互動方式是一種正常的狀況。然而，如何克服這樣的擔心，轉而採取主動、表達與他人互動的善意是一件重要的事。因為友善的態度，不僅可以創造更多與人互動的機會，也能加深互動的深度。

　　第五個重要的人際溝通技巧是：「將正面的思考模式運用在人際關係中」。人際關係發展的一個重要關鍵在於交往互動的雙方，是否能夠在互動的過程中感受到彼此的喜歡。當彼此的關係存在正面的感覺時，彼此之間的關係就會有進一步的發展；相對地，如果彼此的關係存在許多負面感受，關係自然就會停滯不前。從這個角度來看，如何避免人際之間的負面感覺，創造人與人之間的正面感受，是促成人際關係發展非常重要的事情。通常越能在人際關係中創造正面感受的人，也會越受到他人的歡迎。試著用正面的思考模式看待生活中所發生的種種事物，適時地運用幽默感來化解生活中難以處理的困境，除了可以提振自己的精神外，也可以讓身旁的人感染這樣正面的心情，變得更樂於與你相處。

　　延續這樣的概念，第六個重要的人際溝通技巧就是：「避免人際間不必要的批評，但如果必須提出批評，則必須賦予這些批評建設性的意見」。在人際關係中，每個人都希望可以得到朋友的讚賞與認同，負面回饋是較不為人所期待的。因此，在說出一些負面話語之前，一定要先想清楚它的不良影響。而缺乏事實根據的批評，更是傷害人際關係的強烈因素。因此，如何謹言慎行，以隱惡揚善的精神杜絕道聽途說的二手傳播，是一個需要注意的事。

　　當然，朋友之間對於對方缺點的建言，是協助一個人面對自己缺點，並且加以改進的重要資訊來源，所以，朋友之

間的批評是有它的必要性的。然而，面對自己的缺點並不是一件容易的事，所以，如何委婉地表達自己真正的意見，並讓它發揮建設性的效果，是提出批評前一個需要謹慎思索的問題。切記！不論這些意見多寶貴，如何給建言又顧及對方的感受與自尊，是一件需要智慧的事。別忘了，盡量不要在公開場合中直接提出，私底下的溝通將會發揮更大的效果。

此外，如何察言觀色，在聽懂對方的語言訊息之外，也能正確解讀非語言訊息是一件重要的事。這些非語言訊息包括說話的語調、音量、溝通時的手勢、姿勢，以及眼神等等不同的訊息來源。這些訊息往往才是反應個人心中的真正想法與感受。因此，試著去正確解讀朋友所要表達的涵義，並且不要曲解對方的意思，將是一個人是否具有妥善管理人際關係能力的一個重要指標。

最後，要提醒的重要人際技巧就是：「守時的觀念以及自我計畫管理能力」。由於大學生活相當繁忙，每個人的共同討論與互動時間相當有限，因此，如何在有限的時間中發揮最大效率，就是每個人所應該共同面對的課題。許多大學生所面臨的困擾就是當他無法按照事先所排定的時間表去處理事物時，就會累積許多該完成卻無法完成的事物。當事情不斷累積，並且擾亂生活的節奏時，通常也會禍延與你合作的同學；而這個打亂他人生活節奏的人，也會被視為是不受歡迎的人物。因此，為了避免造成彼此生活的困擾，培養守

時的習慣，並且妥善管理自己的生活，是在人際關係中值得重視的部分。

　　由於人際關係是大學生活中非常重要的一環，也是每個人在未來社會生活中所共同面臨的挑戰，因此，學習運用這些技巧來改善自己的人際關係，是大學生涯中必須著手進行的事。當然，有效管理人際關係的技巧絕對不只上述所提到的這些技巧，這些技巧只能提供一些最基本的概念。更重要的是：個人如何在這樣的基礎上，不斷地從生活經驗中累積起寶貴的成功經驗，並且將這些法則落實於生活之中。相信假以時日，必然可以讓自己成為一個真正的人際高手。

施老師的叮嚀：

　　有效的人際關係技巧包括不以自我為中心、以同理心對待他人、「言出有信」成為一個負責任的人、保持主動、正面思考、建設性的批評、懂得察言觀色，以及守時、良好自我管理的能力。與其要求其他人表達人際間的善意，不如由自身主動先做起吧！

# 人際衝突管理

　　人際衝突是大學生活中難以避免的情境。由於大學生都來自不同的家庭背景，受到不同成長環境影響，在缺乏彼此認識的前提下，常常會因為不良的溝通，在互動中累積不滿的情緒。隨著相處時間的增加，這些情緒會逐漸發酵，甚至引爆人際之間的衝突。因此，如何處理人際關係、降低人際衝突，是大學生必備的常識。

　　在一般人的觀念中，人際衝突是一件不好的事。然而，從另一個角度來看，衝突的發生代表問題的存在，並且已讓人無法忍受。因此，逃避衝突無助於問題的解決，只是拖延甚至製造出更嚴重的人際危機。因此，以正面謀求解決的態度來面對、解決人際衝突，通常是一種比較有效的問題處理模式。

　　在處理人際問題時，應該盡量避免下列的不佳態度。

　　第一個需要注意的是退縮。雖然有時候適時地從衝突的情境中退縮，可以降低雙方情緒的對立，避免衝突的擴大。但是，當退縮成為習慣，並不會消除衝突的原因，只是讓公開的衝突變成檯面下的潛在問題。因此，適時使用退縮，而不要讓它成為習慣，便成為處理人際衝突時第一個需要注意的事情。

　　其次，有許多同學害怕人際衝突將導致人際關係受損，也讓他人形成難以相處的不良印象，因此，放棄自己原有的立場以順應別人的看法，換取人際之間的和諧。從合作解決問題以及追求人際圓融的觀點來看，適當地退讓是一件美事，也是追求人際和諧的一個非常好的方法。然而，一旦將退讓方式當成是唯一解決衝突的方式，容易因為過度的忍讓，而讓自己產生一種委曲求全的不舒服感，也降低了個人對於自我行為的控制感。這些感覺對於一個人的心理健康而言，都會產生一定程度的傷害。因此，如何設定合理的退讓程度，是個人在處理人際衝突時必須預先思考的問題。

　　第三個需要避免的是攻擊性的人際衝突處理態度。通常具有強勢溝通習慣的人也越容易有攻擊的風格。強勢溝通的人並不習慣聆聽他人的聲音，容易將自己的想法加在他人身上，並且認定自己的想法是更傑出的。當他們發現人我之間的想法差異時，較少去尋找不一致的原因，反而會利用指責的方式攻擊他人，強迫他人接受自己的看法。一般而言，攻擊是一種充滿情緒的人際互動方式，心理脅迫與身體脅迫是常見的手段。長期而言，這樣的方式只會提高人際間的緊張衝突，並不能真正解決問題。因此，雖然用攻擊的方式在短期之間可以讓人感到害怕而做出退讓，但是，這種具傷害性的人際衝突處理方式，會在日後導致更嚴重的人際衝突問題。因此，除非真的有必要，否則應當要盡量避免使用這樣

的人際衝突處理方式。

　　而怎樣的方式才是一種能有效解決問題的好模式？開放合理、以問題解決為溝通主軸，是目前溝通學者認為可以真正有效解決人際衝突的模式。其中，如何創造出開放、平等的討論環境，讓涉入衝突情境的人，意見得到尊重，透過開誠布公的討論，以合作、分享、開放的態度，追求雙贏結果。在討論過程中，雙方都必須學會以建設性的方式來分析問題的癥結，再以腦力激盪的方式找出適合的解決方法，並訂立可行的解決步驟，這樣的模式才能有效地化解彼此之間的歧見。

　　當然，一個最理想的狀況是：在開始人際互動之前，就能夠預先設法避免人際之間的衝突，這會比在事件發生造成傷害之後才來尋求彌補的解決之道，效果好上許多。而避免人際之間產生嚴重衝突的重要方式就是：建立互動默契。當彼此可以預測對方的反應，互動才會順暢。所以，與朋友隨時溝通，明白顯現個人的喜惡以及特定的行為模式，也是一個降低衝突的好方法。別忘了！與自己的朋友討論行為與價值觀念，甚至與較親近的友人，像是室友、同組報告的同學，共同訂立簡單的人際行為守則，不僅可以提升互動的品質，也能將生活中的衝突降到最低。

　　此外，情緒管理是避免人際衝突的重要能力。通常一些讓人覺得不公平的人際衝突事件，往往會誘發強烈的情緒，

而引爆更嚴重的衝突。因此，試著不要讓情緒掩蓋住理性，以對事不對人的客觀態度來尋求合理解決，才是一種有效解決人際衝突的方式。當個人發現無法控制自己的情緒時，不妨先脫離這個引發強烈情緒的情境，等到情緒平穩之後，再回來尋求問題的解決。要知道，身處於強烈負面情緒中，絕對無助於問題的解決。

　　另外，大學生在人際衝突時，常會要求身旁的朋友表態支持自己。這樣的行為模式不但無助於解決問題，往往會擴大衝突，將一些不相干的人捲入衝突之中。而越多人捲入的人際衝突，解決之道也會越複雜並且難以執行。因此，將問題侷限在特定的當事人上，不要將所有朋友都捲入人際衝突之中，反而容易替問題找到一個合理可行的解決之道。

　　最後，幽默是一個非常管用的技巧。很多時候，用幽默的方式來看待人際之間的衝突，反而容易降低衝突的嚴重性。相對地，個人除了要求他人以幽默的方式來解決衝突，自己也必須同等地以幽默的態度與人互動。當正面幽默發揮時，人際衝突的可能性就會降到最低點。

　　此外，尋求有效他人的居中協調，是另外一個降低人際衝突的有效方法。一個公正並且具有專業判斷能力的第三者，可以有效地避免衝突的擴大，並且提供有效的問題解決建議。因此，適時地尋求導師、教官、輔導人員的協助，介入處理，並且從其中學習人際互動技巧來避免下一次衝突的

發生，是聰明的大學生可以充分運用的資源。

施老師的叮嚀：

　　在人生中，人際之間的衝突是一件難以避免的
事。如果能在大學生活中學習以合情合理的方式處理
人際衝突，將會讓自己在未來的人生中更具有解決人
際衝突的智慧，並且能夠充分享受社交生活所帶來的
樂趣。

# 同儕關係

　　在進入大學之後，大部分的同學必須離開熟悉的城市，搬到另一個不熟悉的環境，開始一段獨立生活的歲月。其實，搬離家裡所代表的不僅是物理生活空間的一種轉變與適應，也代表社會生活的重新出發。在家庭生活中，家長擁有主導權，年輕人會因為父母的影響，在生活方式與社交選擇上，不見得擁有百分之百的控制權。然而，一旦進入大學，大部分的家長因為時空距離的限制，就會將人際關係的主導權交還給年輕人。對年輕一輩而言，進入大學之後，生活上的確會擁有更多的揮灑空間；相對地，自由也意味著責任的承擔，年輕人也必須為自己的交友以及生活負起更多的責任。

　　由於家庭是生活中親密關係的主要來源，一旦離開家庭之後，對某些同學而言，很容易發生孤單的感覺，並對於親密關係會出現渴求。在這個生活適應時期，好的同儕關係將扮演非常重要的角色。過去的研究發現，對人際關係的滿意程度會影響到個人的幸福感，也對心理健康產生正面的影響。因此，對於初次離家、進入團體生活的同學而言，如何有效地融入同儕團體，建立起新的友誼，並且擁有強而有力的社會支持網絡，就成為大一新生在生活適應上所面臨的一

個重要課題。

　　在開始討論一些有效建立新的人際關係技巧之前，必須先調整一些觀念。首先，要避免過去人際關係的干擾。有相當高比例的大一新鮮人的共同感受就是：「高中時期朋友的感情最好，這是現在大學生活的人際關係無法取代的」。對於高中時期友情的懷念，是一個正常而且普遍的現象。有許多同學受到高中時期友誼的深刻影響，不僅希望把過去的交友模式套用到現在的人際關係中，甚至會因為對過去美好時光的懷念，而出現對於現在新人際關係的排斥感。然而，一件需要提醒的事情是：當時空環境改變了之後，友誼就會成為記憶中的一部分。而人的認知是一個非常有趣的東西，往往隨著我們希望記起的事件內容而出現一些細微的調整與變化。當我們認為高中生活是一段最美好的時光時，我們的記憶就會傾向去提取一些比較正面的事物，自然我們就會認為高中時候的人際關係是非常正面穩固的。但仔細想想，高中時候的人際關係是否就像想像中的那麼美好？是不是有許多不愉快以及衝突是被你刻意遺忘的呢？

　　接下來所要提醒的是：有許多同學常抱怨與大學朋友之間非常難以建立像與高中同學一樣的默契。這是事實，尤其在大一這個階段，必須花費相當大的力氣進行默契溝通，才能夠順利互動。其實人與人之間所謂的默契，代表的是一種彼此能夠預測的行為模式。默契的產生必須依賴經驗的累

積，並從錯誤中進行修正、學習整理而成，這需要時間才能達成。回頭想想，你與高中時期的朋友之間，真的是在一見面的時候就已經擁有非常好的默契嗎？還是也是隨著一次又一次的互動經驗才慢慢累積出你們之間的友誼與默契？是不是曾經因為吵架以及衝突的過程中，產生一種不打不相識的感覺？學著不要讓所謂的「默契迷思」干擾建立新的人際關係，學著以耐心建立默契，才可能擁有新的人際關係。

　　第三個需要調整的觀念是：大學的人際關係比起高中時期具有更多彈性以及不確定性。對於高中生而言，班級代表一群人從高一入學之後，因為教學便利性的關係，被分派成為具有凝聚力團體的一群人。然而，這樣的觀念在進入大學之後有了極大轉變。大學的同一個入學班級代表一群在某一次招生中通過甄試的人，這些人所選修的課程只有特定一部分科目類似，隨著個人的學習能力與興趣不同，選修的科目也將會有所差異。因此，雖然是同班同學，也不一定在同一個時間地點在同一個教室中學習相同的科目。大部分的人在上課時間結束之後，也會因為忙著其他的事情匆匆離開教室。一般而言，大學的同班同學會因為所選修的科目的差異，而缺乏聚會的機會。在這樣自由彈性的學習環境中，有許多同學會因為人際關係的快速變動，而不知如何著手去建立新的人際關係。

　　其實，大學人際關係的建立並不如想像中的困難，只要

重新調整觀念，自然可以輕鬆應對。首先，要以自然的心態去面對它。對每個人而言，要適應一個新的環境是件不容易的事，而在適應新的環境過程中，一定會有一些困難與挫折。試著坦然去面對這些狀況，不要排斥或逃避，隨著一次又一次的經驗累積，相信很快就會建立一套屬於自己的模式，可以有效地去面對新的人際關係。

接下來，要試著放下以前高中時期所熟知的社交互動模式，用全新的心態面對大學生活。大學是一個具有自主及彈性的學習環境，對於人的限制與要求不像高中時期那麼強烈；相對地，同學也必須更依賴自己的經營，才可能建立起屬於自己的人際關係網絡。對於熟悉過去、封閉人際互動環境的人而言，大學生活其實是更具有挑戰性的。因此，試著去接受這些特性，重新學習如何經營人際關係，不僅有助於未來求學生涯，也對將來進入社會後，面對更複雜並且具有彈性的社交生活具有絕對的助益。

施老師的叮嚀：

　　大學生的同儕關係相當不同。一方面，大學生仍然希望保持同儕之間的緊密互動；另一方面，個人自主性的需求也逐漸增強。如何與團體保持有點黏，但又不太黏的適當關係，將會考驗每個人的社交智慧。但不論如何，進入大學之後，就應該調整自己的心態，在新的環境中建立另一群不同於高中同學的新人際關係網絡。

# 親子關係

在台灣的社會中，親子關係是一個特殊並且重要的人際關係。在親子關係中，父母親不僅要照顧與養育小孩，滿足他們生理的基本需求之外，父母也必須提供一個安全的成長環境，協助子女建立自我概念，滿足他們在人際間對歸屬感與依附感的需求。因此，親子關係的穩固，不僅可以建構一個人對於人際的信任感外，也可以協助達成自我實現的目標。所以，妥善管理親子關係，不僅可以協助建立較佳的自我概念，也可以透過父母親對於自己的支持，大步邁向實現理想的成功之路。

此外，親子關係具有一個非常有趣的特性就是：它會受到文化觀念強烈的影響。在傳統的中國文化觀念中，親子關係的重要特色就是：「父母親的權威」以及「小孩的順從」。這樣的概念投射在關係中，就呈現了潛在的不對等性。而這樣的觀念反應在個人的成長過程中，就出現小孩被期待扮演學習者的角色，父母親則扮演教導者的角色。這樣的模式會不斷在日常生活中重複出現，成為一種親子互動的習慣。

這樣的狀況，在小孩進入大學之後會產生一些新的挑戰。一方面，父母親認為大學生的年紀已經到了能夠獨立打

理自己生活的時候，應該讓小孩子離開自己，自行負起生活責任；另一方面，父母親又會認為即使成為大學生仍然只是一個孩子，人生的歷練依然不足，因此，會希望孩子能繼續依賴自己，維持過去的生活、互動習慣，持續聽從父母親的意見，並且遵守過去家中所建立的紀律與規範。

　　而從大學生的角度來看，大學的生活經驗與過去的家庭生活經驗相比已經出現了許多改變。由於大學是一個多元的學習環境，在大學中所接觸的人、事、物都會帶來新的刺激，改變他們過去的思考模式以及對事情的看法。因此，新的生活經驗累積，往往會衝擊過去家庭生活經驗中所學習到的思想、生活模式，以及習慣。如果在親子關係中缺乏一個適當的溝通管道，讓父母親能夠了解這些改變從何而來？潛在的意義為何？以及它將往哪個方向而去？這些變化常會造成親子關係之間的緊張感。當親子雙方察覺到彼此之間的差異，卻以過去的溝通習慣進行互動，往往會引發彼此之間激烈的衝突。因此，對大學生而言，學會如何以一種適當的方法與父母親分享自己在大學中的學習與成長，是維持良好親子關係的一個重要課題。

　　大學生應該要如何做才能維持一個良好的親子關係呢？第一個可以著力的地方就是建立與家庭固定聯絡、互動的習慣，並且與家長一同分享大學生活。有許多大學生在進入大學之後被多彩多姿的生活吸引，投入所有的心力在大學生活

中。在這樣的情形下，參與家庭活動的時間與精力都會受到排擠，與家庭的聯繫逐漸減少。而部分的家長不曾進入大學就讀，無法理解大學生為何如此忙碌，並且需要投入如此多的時間在學校中。因此，家長會誤解大學生投入太多時間、精力在一些沒有必要的活動之中，並且會嘗試約束大學生專注於課業上，而這樣的要求往往也會引爆親子之間的衝突。

這些衝突並不是無法避免的。如果大學生可以與家長保持適當的聯繫，並且提供充分足夠的訊息，讓家長能夠了解他在大學中的生活狀況，以及所從事參與的活動。在提供足夠的資訊作為思考依據的前提下，家長通常比較能夠理解自己的孩子為何會出現行為的變化，以及選擇這樣的生活方式的原因，並且在具有共識的基礎上進行理性討論。一旦親子雙方可以放下情緒講道理時，自然就可以跨出良性互動的第一步。

其次，由於大學生的親子互動，在頻率以及時間上會出現降低及縮短的現象，不論是父母或是孩子雙方都必須接受這種改變所帶來的影響，以提高互動品質的方式來彌補這些不良影響。因此，把握每次互動的時間，選擇值得分享的主題進行互動，是第二個改善親子關係的重要技巧。透過分享的過程，親子雙方就能夠累積並且建構屬於彼此之間的共同概念，而這些共識將有助於親子溝通的順暢進行。

第三個增進親子情感的方法是：適時地邀請家長參與個

人在大學生活中的重要時刻。對每個家長而言，分享孩子的成就與榮耀是幸福感的一個重要來源。對大學生來說，來自家長的肯定，也是個人建立正面自我概念，以及提升自尊的最佳方式。因此，當大學生活的重要時刻，像是個人作品發表、接受學校榮譽表揚、畢業典禮等等重要時刻的來臨時，邀請家長參與見證，不僅會讓家長分享你的喜悅與榮耀外，透過這樣的活動，也可以建立起屬於彼此的共同回憶與經驗。而這些共同的回憶與經驗，將在日後扮演著維繫親子關係的重要角色。

當然，不可諱言地，並非每一段親子關係都是那麼地融洽與和諧。有許多大學生在進入大學前，親子之間的關係就已經處於一種長期緊張的不協調狀況。要嘗試消弭親子之間的衝突，需要隨著不同個別狀況採取不同的處理方式。然而，只要有心想要改善親子關係，通常都可以獲得改善與進展，而這些變化必須依靠當事人用心尋找一個可以開始著手進行改變的著力點，並且慢慢地改變它。由於不良的親子關係通常不是在一天之中形成的，因此，親子關係的改善也不會在一天之中奇蹟般地出現，它必須依賴恆心與耐心才有可能實現。學會放下成見，由關心彼此的關係、想法與感受開始，通常都會在未來獲得善意的回應。

在中國文化的觀念中，親子關係是一個緊密連結的關係，親子雙方不僅非常重視這樣的關係，也產生強烈的感情

羈絆，並且是非常難以割捨的。這樣強烈的互動經驗也會烙印在個人的生命經驗之中，產生難以磨滅的影響。因此，試著與雙親保持良性互動，爭取對自己生活的最大支持，是每一個聰明的大學生在大學生活中不可忽視的重要課題。

施老師的叮嚀：

　　家庭是一個人最佳的避風港，維持良好的親子關係，將使一個人更有勇氣與能量面對未來生活的挑戰與困境。維持良好親子關係的祕訣包括保持密切聯繫、提升互動溝通的品質，並且分享大學生活的榮耀與樂趣，讓親子雙方都能在大學生活的分享上得到對彼此想法更深入的體會、認識與成長。

# 師生關係

　　在過去傳統的台灣社會中，師生關係是一個非常重要，並且受到重視的人際關係。在儒家的概念中，一個好的老師應該抱持著「有教無類」的精神，除了在專業的領域上扮演「經師」的角色，充分滿足學生在學業上的求知慾望外，在生活上，也應該扮演「人師」的角色，引導學生融入求學環境，學習做人做事的道理。

　　這樣的概念延伸到現代社會中，多數人所期待「好老師」的概念相較於傳統的儒家概念，本質上並沒有太大的改變。一個理想的師生關係便是在老師的引導下，學生透過緊密的師生互動，在「傳道、授業、解惑」的過程中充實專業能力，並且在學習的成功經驗中建立良好的自尊以及對自我的信心，並相信自己在未來的日子中能夠實現夢想。

　　然而，這樣的期待在現代大學中已經出現變化。由於現代大學對教師具有太多期待，老師不僅要做好本分，也就是教學工作以外，為了要讓大學保持學術成就上的競爭力，老師必須從事相關領域的研究，並且與學術社群分享他們最新的研究心得。除此之外，大學的順暢運作是立基在老師的參與上，因此，老師們也被期待參與學校的行政工作。而行政工作往往相當繁瑣，也大量消耗老師的時間與精力。在「教

學、研究、服務」這樣多重角色的要求下，要兼顧這些隨著時代變動所出現的新事物，老師們處在一種分身乏術的窘境，也難怪現代大學生對老師會有「老師真的很忙」的感受，也擔心自己與老師的互動是否會干擾老師的工作。

當然，也有許多同學在進入大學中期待能夠擁有一個「最小干預、最大自由」的生活、學習空間。在過去的學習經驗中，老師偏向一種權威、指導的角色，一旦生活中發生困擾與問題，老師通常不會是優先選擇討論互動的對象。這種種的因素，都讓同學覺得在進入大學之中，學生與老師之間的距離似乎變得越來越遠。

究竟大學中的「師生關係」是不是一個非常重要的人際關係？這是一個見仁見智的問題。然而，從發展階段的觀點而言，對大學生來說，老師其實可以扮演更積極重要的角色。由於在大學階段中，同學們必須完成許多重要的任務，這些任務包括「探索適合未來發展的事業」、「組織良好的人際關係，培養與人相處的能力」，以及「充實培養完成夢想的能力」。這些任務本身充滿了許多未知與挑戰，在面對這些問題時，心中也容易出現疑惑與不解。受限於生活經驗以及專業能力，這些問題並不容易在同儕或是家長身上獲得解答，反而是老師更適合扮演解決疑惑的角色。

在大學中，一個教師能夠得到一份教職，是因為他在這個領域中具有一定的訓練與成就，並且獲得同儕教師的肯定

才能進入大學任教。而在進入大學任教之後，每位教師也會在自己的領域上不斷尋求進步與成長，因此，大學教師對於他所從事的教學、研究領域，通常會具有深入的認識了解，並且能夠充分掌握未來的變化。除了在專業領域的成就之外，老師們隨著時間的累積，在人生中豐富的經歷，也會形成一些比年輕人更為成熟老練的想法。這些知識都可以協助大學生在面對生活中的困擾時提供抉擇的參考。因此，對於大學生而言，如何經營好師生關係，並且從這段關係中獲得對於未來生活的助力，其實是大學生活中值得投入的事情。

然而，受限於大學老師非常忙碌的現實環境，學生該如何經營師生之間的關係呢？第一個師生間互動的訣竅是，採取「主動的接觸」。對於老師而言，每年所接觸的學生為數眾多，因此非常難觀察到同學個別的細微需求。如果同學可以主動地接觸老師進行互動，在建立個別印象後，也會導引出下一步更深入的互動。

第二個師生間互動的訣竅是，「有主題、有效率的互動」。由於大多數老師的生活節奏非常緊湊、有效率，因此，一旦撥出時間與學生互動，通常也會希望這個時間是被妥善利用的。因此，如何讓最短的時間發揮最大的效果，是師生所必須共同負起的責任。這也意味著與老師互動之前的準備是一件非常重要的事。學生最好在與老師碰面之前，先在心中準備今天的討論方向、主要的問題有哪些，這會讓師

生間的互動更具有方向感及建設性。

第三個師生間互動的訣竅是，「以工讀達成師生互動」。由於工作上的需求，多數大學教師不論是在教學、研究或是行政工作上都需要學生的參與與協助。學生在參與工讀過程中，不僅能夠擁有與老師較多的互動機會與時間，更可以透過工讀，對於這個工作領域中的現況與知識獲得進一步了解。而對老師而言，也可以透過工讀的互動過程，對同學產生進一步的了解，並且能夠透過互動經驗中所累積的觀察，提供合乎個人需求的建議。

當然，不同的老師會有個別的差異以及不同的行事風格，同學們可以隨著獨特不同的互動經驗，摸索建立屬於自己的師生互動模式。然而，如果能夠在大學生活中找到一個有益於自己的良師，不僅可以協助自己有系統地在相關領域中獲得知識，也可以解決心中對於一些未知事物的疑惑，開啟人生經驗的另一扇窗。而這些生命中的良師必須依賴自己去尋找與經營。這樣的機會一旦失去就不會再來。聰明的你，千萬要記得在大學中把握住機會，尋找一個真正能夠感動你的好老師，虛心地向他學習。或許這樣的經驗將會改變你的生活，替你的生命開啟更為充實豐富的一章。

施老師的叮嚀：

　　大學中的良師將會改變一個人的一生。學會在大學生活尋找賞識自己的伯樂，會有助於未來的生涯發展。把握主動的精神，有效率地運用師生的互動時間，並且從學術活動的共同參與中建立默契，將會使你的師生關係更為圓融。

# 第 6 篇
## 感情篇

# 大學生的感情世界

在傳統的大學四年學分中，最令大學生期待的學分莫過於是「戀愛學分」了。然而，對大多數的人而言，戀愛是一種陌生、令人期待，卻又怕受到傷害的事情。為何會出現這樣的現象呢？其實是因為在台灣的環境，對於戀愛的陌生感所導致的結果。

相對於傳統的中國觀念，自由戀愛是一個西化的概念。在過去的台灣社會環境中，兩性之間存在一個非常明顯區隔的藩籬，甚至連結婚這件大事大多透過相親或是長輩的介紹安排而完成，兩性之間的自由交往空間非常有限；而自由戀愛結婚這樣的觀念也是到最近三十年來才逐漸被社會所接受。再加上在求學的歷程中，大人通常希望學生能夠專心於學業上，為了怕影響學生的學業以及升學考試的結果，在完成高中職學業之前，兩性之間的交往並不受到家長、學校，以及社會環境的鼓勵。

這樣的限制在學生進入大學之後會得到大幅度的改善。由於大學是一個非常自由的學習環境，在這個環境中，兩性平等互動被視為是一種自然的事，男女之間的交往也被認為是這個階段的年輕人必須經歷的人生事件，因此，校園情侶通常會聚集身旁他人的羨慕眼光，並且得到相當多的祝福。

在這樣的氣氛底下，也難怪有許多學生在進入大學之後，會期待在校園中能夠找到一個知心的異性朋友，談一場轟轟烈烈的戀愛。

從人生發展的角度來看，年輕人對於戀愛的渴求是一種隨著身心逐漸成熟而出現的正常現象。然而，在目前的教育系統當中，卻沒有任何一門學分有系統地教導同學們如何正確地談戀愛。也正因為對於兩性關係的陌生，以及缺乏正確的知識作為兩性互動的基礎，也造成了兩個新手在開始談戀愛之後出現許多徬徨與不知所措，甚至犯下一些在日後危害關係，甚至導致分手的錯誤。而這些兩性關係間困擾發生的同時，也會對個人的日常生活以及求學生涯產生相當程度的影響。

為了避免這些不必要的困擾，在這個章節中，將與大家一同分享一些正確的兩性互動知識，以協助大家用正確的觀念與態度來經營親密關係。

# 戀愛的基本觀念

　　找到一個能夠了解自己的知心異性朋友，相信是許多大學生藏在內心深處的渴望。然而，如何在茫茫人海中找到適合自己的異性伴侶，的確考驗著大家的智慧。常常有許多同學有這樣的疑問：「我的外表條件並不差，我也是一個具有想法內涵的好青年，我的人際關係技巧也很讚，但為什麼就是沒有異性願意注意我？我真的沒有異性緣，注定要一個人孤獨嗎？」

　　其實要交到一個知心的異性朋友是需要許多條件的配合才能成功的。在決心找尋一個知心異性朋友之前，要在心中先做好的第一個準備就是：男女朋友之間的互動與一般朋友之間的互動，在本質上具有相當大的差異，而這些差異一定會對現有的生活模式帶來影響。不論自己是否喜歡這些變化，都必須學著去調整自己的生活步調來適應它。如果在心中，既想保持現在的生活方式，又想要有一個知心的異性朋友，那這樣的觀念將會成為感情路上的絆腳石。

　　為什麼談一場戀愛一定會改變我們原有的生活方式呢？這是因為戀愛本身特質的影響。在每對戀人的心中，都希望情人的眼中只看到自己，彼此的佔有慾望都會非常強烈。而情人也必須要透過排他的方式來確認自己在這段親密關係中

的獨特地位。因此，在確定交往之後，情人對於對方的社交
圈，尤其是與異性友人的互動上，就會加諸許多的條件與限
制，甚至也會因為彼此對於交友尺度的不同，引發情侶之間
的爭執。

此外，由於戀愛雙方會透過親密的互動、彼此讚賞與認
同，真正深入地了解彼此並做出對於關係的承諾。一般來
說，這樣的互動需要耗費相當多的時間與精力；相對地，也
會排擠掉與同性朋友間的相處時間。這也是為何大多數的人
一旦開始與異性交往之後，生活的重心就會慢慢地轉移到兩
人世界，不再那麼頻繁地出現在原先同儕團體的社交活動之
中了。

到底什麼是戀愛？說穿了，並非像電視影集或是電影中
的情節一般地神奇。戀愛的真正涵義是透過兩性互動與交往
的過程中，彼此熟悉與了解，也透過對彼此的肯定與認同，
建立起親密的穩固關係。在這個關係中，每個人都不需要太
多的偽裝，可以輕鬆自在地彼此互動，並且願意彼此分享生
活中的酸甜苦辣，同享幸福的感受，也共同面對生活中的困
境與危機。簡單來說，戀愛其實就是找一個自己喜歡、欣賞
的人，並且甘願、歡喜地與他一同走過一段人生歷程。

正因為戀愛是兩個人的事，兩個人對等地投入與承諾是
戀愛的重要基礎。因此，從這樣的角度來看，所謂的「一廂
情願」，或者只有一方積極投入的「單戀」，都注定了這段

戀情先天不足的地方。有趣的是，通常投入較少的一方會在
這個戀愛關係中獲得較大的權力與利益；相對地，一廂情願
的這一方雖然會簽下許多不平等條約，並且做出許多讓步，
但是，時間久了，這樣的付出與讓步都會帶來身心上的疲
憊，並且產生心中的不平衡感，這也將在日後種下彼此爭吵
的潛在因素。因此，找到一個人，願意以公平的方式彼此對
待，是擁有美好兩性關係的一個非常重要的起點。不要選擇
一個「你愛他比較多的人」，也不要讓自己進入一個「他愛
你比較多」的關係，只有在平等的關係中，才有可能擁有健
康的良性互動。

　　另外，有許多人重視「戀愛的感覺」，總認為戀愛必須
是轟轟烈烈、充滿許多情緒的起伏與悸動。實際上，戀愛的
成分除了激情之外，也包括了人際關係的穩定信任感。有許
多人常常誤以為戀愛之中沒有了激情，就代表一份感情的結
束。這是一個錯誤的觀念。在甜蜜激情期之後，會隨著自我
表露的過程、彼此認識的加深，就會開始進入彼此依賴的關
係穩定期，在這個時期中，激情不再是彼此關係中最重要的
部分，反而是彼此親密需求的滿足，變成關係的核心。表面
上看起來，感情好像是由濃轉淡，但實際上卻是進入更深層
的彼此依賴階段。在這個階段，更重要的任務是學習如何透
過在自我表露過程中所得到的資訊，學習並且建立彼此都能
接受的相處之道。

延伸這樣的觀念，好的情人關係其實是像好朋友一般無所不談，在聊一些深層自我的過程中建立起人生伴侶的默契與感受。因此，情人應該也是好朋友。但是，許多大學生在認識一個自己認為適合的異性之後，通常會很急著要求對方表態：「你願不願意當我的男（女）朋友？」，並且跳過做朋友這個階段，直接發展更親密的兩性關係。但是，在沒有彼此充分了解的情況下，等到激情冷卻之後才發覺彼此不適合，往往會讓彼此陷入一種進退兩難的困境中。因此，不要太急著做出承諾，先學著做朋友，再試著做情人，會讓自己在感情路上走得比較順暢。

另外，大學生常會有一種浪漫的思想，希望在大學中找尋「一見鍾情」的戀情。的確，有許多情侶開始談戀愛是因為彼此看對了眼，出現一見鍾情的感覺，但這並不意味著每個人的每段感情都會有一見鍾情的發生。有許多感情是在相處之中慢慢培養出來的，就算是兩個人在一開始的時候會有一見鍾情的激情感，但是在一段時間的相處後，激情的部分慢慢散去，取而代之的是相處之中所建立的穩定感與安全感。因此，雖然期待一見鍾情的發生是一件很浪漫的事，但是，也不要忽略身旁每天互動的那些異性友人，或許你的真命天子或是天女就在那個地方，不是他們沒有出現，而是你對他們永遠視而不見。

戀愛是一種個人學習親密互動關係的歷程。對每個人而

言，都是在懵懂無知的情況下，跌跌撞撞地學習一些經驗，
為未來的成功做準備。因此，在開始談一段戀愛的時候，一
定要抱持著學習的心情，謙虛地在自己的心中留一個位置給
你喜歡的人，並且與他共享奇妙的人生旅程。記得！有他、
有你，世界就會變得更美好。

### 施老師的叮嚀：

　　戀愛有許多的特性存在，隨著不同的人、不同的
成長背景，會出現許多觀念上的差異。因此，在進入
戀愛前記得要讓自己保持彈性，隨時因應戀愛生活中
出現的不同變化，並且適時調整自己。不固守在過去
僵化的經驗中，享受愛與關懷的感覺，自然戀愛就會
讓自己蛻變成為一個更成熟的人。請記得！不要只貪
戀戀愛中歡愛的感受，要學著將戀愛當作生活的一部
分，回歸到現實生活中，踏實地讓感情之路走得又長
又順。

# 戀愛與婚姻

當大學生在決定是否投入一場戀愛時，一個最常見的迷惑就是：「我到底為什麼談戀愛？」其實談戀愛的理由很多，有些人單純地因為身旁的朋友都有男女朋友，所以也想談戀愛；有些人因為覺得孤單寂寞，所以希望能找一個人來陪陪他；有些人把戀愛當作是生活中的刺激遊戲，所以把戀愛當成娛樂，這樣的心態隨著不同的人而有所不同。

然而，不可否認的是：戀愛本身具有神聖的意義。不管是否每段戀愛都會有一個完美結局，但對親密的戀愛伴侶而言，彼此之間的約定承諾，希望能決定攜手共度一生，是亙古以來戀人最期待的事情。在婚姻與戀愛之間，存在著密不可分的關係。對大學生而言，在開始一段戀愛之前，可能不會想到結婚這個終點，然而，這樣的期待卻會在交往的過程中慢慢浮現出來。因此，當大學生開始對戀愛躍躍欲試的同時，其實也應該思考一下婚姻對個人的意義。

婚姻生活的本質究竟是什麼？如果以時間軸的觀點來看，它將被期待是一段長期而相對穩定的關係；如果以關係的特質來看，它是一種封閉具有絕對獨佔性的關係；如果以人際互動系統的概念來看，它代表了一個限定範圍的特殊人際互動圈；而從個人的需求滿足的觀點來看，婚姻生活則是

一段可以滿足個人內在心理需求的特殊關係。

　　在中國人的觀念中，家庭是社會的基本運作單位，它的穩定性相當受到重視，因此，一旦選擇進入婚姻關係，長久經營、全心投入，都有助於增進婚姻的穩定性，這也就是「婚姻非兒戲」的概念。當一個人選定特定對象，決定進入婚姻關係之中，在心情上必須做好的一個準備是：你將非常難以退出這段關係，這就是中國人「勸合不勸離」的婚姻概念。因此，在進入婚姻關係前，雙方都必須非常謹慎，不要輕言許諾；當承諾的重大決定做出之後，就必須學會長期經營並且不能輕言退出。

　　婚姻第二個鮮明特質就是：它是一種相對封閉，並且具有絕對獨佔性特質的關係。這樣的特質反應在社會制度之下，就形成了一夫一妻的社會制度，並且受到法律制度的明文保護。這意味著在婚姻中，丈夫與妻子這兩個角色的獨特性與重要性。相對地，當這樣的獨佔性被破壞以及挑戰的時候，婚姻關係也將受到嚴重程度的傷害，甚至造成婚姻關係破裂。正如同傳統中國觀念：「弱水三千，只取一瓢飲」，一旦戴上結婚戒指之後，在心態上就必須轉變為我的感情世界中只有他，沒有別人。我們不能奢望在婚姻關係之外仍然擁有許多的異性知己，因此，在戀愛關係中，並不存在所謂的「博愛」精神。婚姻關係是一個封閉的人際關係，是容不下第三者存在的。

　　而從人際互動的觀點來看，結婚之後，也會帶來社交生活的變化。由於婚姻生活的重點在於養育子女、維持家庭生計，慢慢地，年輕時期以同儕互動、追求娛樂為主的社交生活會慢慢減少，取而代之的是以家庭親友為主的社交生活。再加上養育子女所消耗的大量時間與精力，在有限的時間資源限制下，主要的婚姻社交活動將會集中在夫妻雙方彼此的家庭聚會中，社交生活也會慢慢減少，並且會以家族活動為主體。因此，如何在婚前學習與對方的家庭互動，並且建立良好的人際關係，是男女交往時就應該仔細思考並且詳加規劃的事情。

　　當兩個人進入婚姻的親密關係中，相互扶持、共同面對生活中的困境與挑戰是一個基本要件。因此，彼此之間的意見相通、學習了解並且滿足對方的心理需求，便形成婚姻關係中一個重要的挑戰。尤其是當婚姻關係的排他特性，讓其他人不能也不應該進入這段關係時，能不能互相滿足對方的心理需求，自然就會影響雙方對於婚姻的滿意程度。當然，當兩個人越能夠在另外一半身上獲得心理需求的滿足，這段婚姻將會更幸福美滿；但是，如果這個婚姻已經陷在柴米油鹽醬醋茶等瑣事中，忽略了對方心裡的真實感受，通常這也宣告了這段關係的結束。

　　雖然，這些特性是在婚姻關係的背景下討論的，但如果戀愛真的是通往婚姻的一條重要道路時，當戀愛進展到一定

程度，尤其接近論及婚嫁的階段時，這些問題自然就會浮現在彼此的關係之中。而在這些問題的重複考驗下，這段關係也會進入更親密的準婚姻關係中；相對地，如果彼此的關係無法通過這些考驗，這段關係便會宣告終止。因此，在個人的心中，沒有為這樣的變化做好準備，心中仍然以單身時期浪漫、以逸樂為取向，不想接受責任與承諾的考驗時，自然地會覺得缺乏戀愛的感覺，甚至沒有辦法維持一段穩定而長久的感情。

　　或許婚姻比起談戀愛少了一種情感起伏的刺激感，但是，取而代之的是一種生活的熟悉與穩定感。在一個自由選擇婚姻對象的年代中，去除的是相親結婚的冒險與賭注，取而代之的是個人的思考與選擇。轟轟烈烈的感情固然是每個人追求的浪漫愛情事件，但更重要的是：當炫麗的感情回到平淡的日常生活時，你是不是選擇了一個你喜歡並且全心相信他可以與你攜手共度人生難關的適合伴侶，他的思想是否與你貼近？你能否接受他的生活模式？以及你是否喜歡生活在他身旁的人，並且在未來的生命中與他們生活在一起、共創生命的回憶？

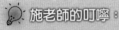
施老師的叮嚀：

　　　兩性交往是通往婚姻的一條重要的道路。在享受戀愛的甜蜜滋味的同時，也不要忽略了婚姻的相關概念對於戀愛所帶來的影響。有意義、承諾的戀愛，會帶給人更多的安全與幸福感。

# 戀愛的心態調適

在進入戀愛中，自我心態調適是一個非常重要的部分。因為在找到一個適合自己的戀人之後，就得揮別單身的生活，開始為兩人世界做準備。而這樣的生活模式跟過去單身時代「獨善其身」的思維方式相當不同。

這樣的轉變對生活模式會產生深刻的影響，因此，在決定投入一段戀情之前，最好先深思熟慮：「這個戀愛對象是不是一個自己真正喜歡的人？」、「這樣的戀愛關係是否符合自己內心的期待？」等問題。

為何在談戀愛之前一定要再三思考這些問題呢？最主要的目的在於：確定是自己經過認真思考才做出選擇，而且這些選擇必須出自內心喜歡，而不是受到外在因素影響的結果。因為當這些選擇做出的時候，接下來就是承擔後果的時候了。

由於戀愛是一種獨特的經驗，對每個人的生活會產生深刻的影響，因此，謹慎選擇對象是一件非常重要的事情。所以，當適合對象還沒出現之前，應該要抱持著「寧缺勿濫」的態度，耐心地繼續尋覓，最好不要以「騎驢找馬」的心態，維持一段不適合自己的感情。兩個不適合的人，在日後是難以獲得真正的幸福的。

　　因此，在進入親密互動關係前，清楚地掌握自己以及對方的特質，謹慎思考兩個人的喜好是否相近？兩個人的關係在未來是否可能持續地往正面、好的方向發展？是非常重要的事情。經過這樣嚴謹態度的評估之後，所進入的親密互動關係通常會比較安全與穩固，彼此也會更珍惜對方，這樣的關係才有可能更持續與親密。

　　而兩人之間差異的調整也影響未來兩個人的互動。由於每個人生長在不同的家庭背景中，成長經驗所帶來的差異是一個不可避免的事；而男生、女生的成長過程，教養模式不同，差異自然存在。因此，情人在相處時，多少會因為這些差異產生爭執，因此，如何把兩人之間的差異當成正常現象，並且以包容的態度進行調整，將會決定兩人的感情路是否能走得更長久。

　　當然，對戀人而言，察覺到兩個人之間的差異是一件令人不愉快的事情。但是，不論是哪一對戀人，遲早都會發現這樣差異的存在，而且這些差異不見得能夠彼此拉近。因此，一種比較健康的心態應該是：當兩個人投注時間、精力去改善彼此之間的差異後，對於一些真的無法拉近的差異，就應該用一種包容的心態來接受這種差異的存在。這就是「尊重」。與其去挑戰不可改變的現實，讓自己痛苦不堪，倒不如用欣賞、尊重的方式來看待與包容差異的存在。試想，如果兩個人之間的想法、態度與行為都完全一樣，就好

像兩個自己生活在一起，這豈不是另外一件令人覺得索然無味的事？

　　另外，在戀愛中應該要調整的一個心態就是：「沒有任何一個人是完美的」。通常在熱戀的初期，每個人為了要留給對方一個好印象，都會對自己的外觀、行為與想法，進行許多的修整，盡量表現出好的一面，而將壞的一面隱藏起來。但是，這些隱藏隨著兩個人交往的深入，慢慢地都會被揭露出來，這就是人性。每個人都會為了給自己喜歡的人一個好印象，隱藏不好的一面；但卻又因為愛，又將不好的一面呈現出來。

　　所以，當男女朋友開始談到內在最陰暗、負面的一面，這也代表兩人的關係已經進入到一個更私密的境界。對人而言，要開放自己負面的一面，需要相當大的勇氣與決心。能不能得到對方的理解、包容與呵護，往往也是這個關係能不能繼續發展下去的關鍵。這樣的私密世界存在每個人的心中，每個人都有生命中陰暗的一面。因此，在兩性交往的時候，心態上最好做好調整，接受「人並不完美」的觀念，以感謝的心情看待對方與我們分享他在人性中的黑暗面，這是親密愛人獨有的權利。因為愛與信任，這部分才能浮現。所以，不要害怕這些負面向，仔細地傾聽，進入他的世界，在你我之間才有可能發展出穩定的兩性關係。

　　最後，要提醒的一件事情是：每個人的時間、精力都有

限，不管從事怎樣的事情與活動，都一定會分散我們的時間與精力。而談戀愛必須耗費大量時間、精力，也會對其他的日常活動產生排擠的效果。當開始談戀愛後，投注在課業以及課外活動的時間與精力也會跟著降低，因此，事前做好規劃，有效率地運用自己的時間做好生活計畫的管理，將約會與學業活動做一個適度的結合，都是在談戀愛之餘不可忽視的情形。

而戀人如果能在熱戀之餘，仍能夠注意到學生應盡的學習本分，彼此提醒，並將戀愛的熱情延伸為學習的助力，在這樣的情況下，戀愛不僅不會影響學業的表現，甚至有助於學業成就的獲得時，對於兩個人的相處互動也會有加分的效果。但是，如果兩個人只沈溺在兩人世界，忘了大學生讀書的本分，也忽略了課外活動以及人際關係的經營，那這樣的戀愛反而會成為生活衝突與挫折感的來源，兩個人也不可能會有快樂互動的感受。因此，戀愛不忘生活與讀書，讓戀愛成為生活、成就、動力的來源，是每個投入戀愛中的大學生應該隨時謹記在心中的原則。

戀愛需要用「心」經營。清楚知道自己在想些什麼，並隨時讓自己保持在健康正面的心態中，你才可能有一個美好快樂的戀愛經驗。記住！千萬不要讓自己的戀愛關係成為衝突憤怒的發洩場！

施老師的叮嚀：

　　戀愛是兩個人的事，絕對跟自己一個人生活完全不同。想要享有兩個人的甜蜜世界，就必須改變許多自己一個人生活時的習慣與心態，並且配合對方的想法進行調整，這就是希望享有戀愛感受的人所必須要付出的愛的代價。

# 如何增加戀愛運

有許多人在找尋戀愛對象時經常出現的困惑就是：「到底怎樣的人比較容易受到異性的青睞呢？是不是帥哥、美女有更多的機會談戀愛呢？」以及「我需不需要花很多的時間精力打扮外表，成為一個有型的人呢？」。

大學與高中之間一個很大的差異就是：在穿著打扮上，大學生已經掙脫了高中時代單調齊一的制服生涯，在穿著打扮上擁有更大的自主權。因此，懂得穿著打扮的人似乎能夠吸引更多異性注意的眼光、擁有更佳的戀愛運勢。

的確，從社會心理學的觀點來看，外表吸引力對於人際交往會產生一定程度的影響，但是這樣的效果只產生在交往的最初階段，接下來，對彼此互動影響較大的因素，就會轉變為長期穩定的人格特質。因此，如何打理自己給人的第一印象，只是增加自己戀愛運勢的第一件事。

至於怎樣的外表對異性會產生較大的吸引力呢？這隨著每個人的審美觀念有不同的選擇標準。但一般而言，學生並不需要名牌的加持與過度的化妝修飾。一個穿著整齊乾淨、符合社會規範期待、令人覺得舒服，並且沒有不良習慣，像是抽菸、吃檳榔，或是穿著拖鞋到校上課這樣的外觀打扮，通常就可以贏得異性的好感。只要在公開的社交場合中不引

人側目或引起他人討厭的感覺，就已經為自己的戀愛運勢製造加分的第一步了。

增加戀愛運勢的第二個訣竅就是：要適時掌握、主動開啟兩性互動的機會。通常越喜歡參與社會互動的人，他的人際關係網絡就會更寬廣；不斷地認識新朋友，兩性交往互動的機會就會增多。如果因為不習慣與異性互動，就選擇停留在同性熟悉的社交圈中，自然就會缺乏兩性互動交往的機會。因此，習慣與陌生異性互動、保持開放的社交機會，是增加戀愛運勢的第二個重要訣竅。

第三個增加戀愛運勢的訣竅是：透過適當的談吐增加自己對於異性的吸引力。在維持兩性良好互動的過程中，「溝通」是一個非常重要的能力。如何透過溝通的過程，讓對方認識自己，認同自己的特質想法，並成為吸引對方持續交往的動力，是非常重要的事情。而所謂適當的談吐並不是一種「舌燦蓮花」的口才能力，而是懂得適切地表達自己，適時分享內在想法，並且願意與對方共享生活點滴的誠懇態度。所以，想要擁有良好的談吐，不僅要掌握機會增進自己的口語溝通能力，對自己有足夠清楚的認識；更重要的是展現一種學習新知的潛力，讓對方感覺到與你相處的樂趣，這樣以內涵取勝的吸引力，往往比外表的修飾更能增進一個人的兩性魅力。

第四個增加戀愛運勢的訣竅是：要懂得放電。在過去傳

統保守的社會中，許多人擔心自己如果在兩性關係中採取主動積極的態度，會讓人有一種在男女關係上太過隨便的感覺。然而，如果每次都採取被動的角色，希望由對方主動來開啟兩性互動的契機時，往往會讓自己坐失與理想對象交往的大好時機。因此，試著在互動的過程中適時地釋放出自己對對方的好感，並給予暗示，鼓勵他進一步的互動，是一個增進戀愛運非常重要的技巧。相同地，如果對方已經主動表示對你的好感，並且自己對對方的感覺也不錯時，適時地給予對方善意、正面的回饋，讓他感受到持續交往的可能性，也是增加自己異性緣的一個好方法。

第五個增加戀愛運的訣竅是：在互動中自然地呈現自己，並且適度地與對方分享。在談戀愛的過程中，不熟悉的雙方如何透過資訊的交換而成為具有默契的情侶？這是一個相當耗費心力的歷程。在珍惜彼此的情緣心態下，有許多時候，情侶們會擔心對方是否能夠接受真正的自己。在一種既期待又怕受傷害的情況下，許多人拿捏不準尺寸，要嘛出現過度保護自我的現象，或者是產生過度開放自我的現象。但是，不論是快速開放自我或是過度自我保護，都對互動產生不利的影響。因此，如何自然地呈現自己，並且以最輕鬆自在的方式與對方互動，是提高對方未來與自己繼續交往，增進自己戀愛機運的重要方法。

雖然到目前為止談論了許多增進戀愛緣的小訣竅，但是

一個非常重要的觀念是：兩性關係是一個需要時間並且投入大量精力經營的關係，絕對沒有速成的方式。因此，如何培養優異的人格特質，讓自己在兩性關係中讓異性感覺信任與安心，通常也是增進異性緣的一個非常重要的方法。在下一節中，我將與大家分享對談戀愛的人而言最受歡迎的個人特質。

施老師的叮嚀：

　　戀愛開運祕訣包括合宜的談吐打扮、主動把握機會、適當表達或是回應對對方的好感、自然不矯揉造作，以及不強求對方的理性態度，自然可以桃花朵朵開，大受異性的青睞。

# 好情人的特質

　　每個人與生俱來都具備一些生理上的特性，透過學習以及對於生活環境的適應，形成一套特有的個人特質。這些個人特質讓人在面對環境時出現一致的反應與行為，這也造就了個人的獨特性。

　　從人格形成的觀點來看，人格需要歷經長久時間慢慢累積而成，因此，這些特質建立之後，除非有一些強烈的因素影響，否則這些特質是相當難以改變的。正因為人格具有這樣維持穩定的特殊性，在俗諺中才會有：「江山易改，本性難移」的感慨。

　　而人格特質這個概念也在戀愛中扮演一個有趣的角色。通常人格特質越鮮明的人越容易引起周遭他人的注意，並受到這個特質的吸引，產生更深入的交往。一般而言，這些鮮明的人格特質容易掩蓋住其他的人格特質。如果在交往過程中只注意比較突顯的人格因素，卻忽略觀察其他特質時，可能會忽略一些不利的人格特質對親密關係所帶來的影響。

　　由於人格特質具有不易改變的特性，不會因為一些外在因素而產生急遽的改變，這當然也包括戀愛因素，因此，在開始交往之前，謹慎地觀察對方人格特質，並且分辨與自己人格特質的契合性，是決定投入一段愛情關係前不可逃避的

基本功課。如果因為感情用事，在一時迷戀的影響下投入一個沒有仔細認清對方的愛情關係中，一旦開始發現對方具有人格方面的缺陷與問題時，往往已經深陷在一個不易改變的愛情關係中，也會在日後飽嘗忽略人格特質影響的苦果。因此，在確認愛情關係的發生前，一定要花點時間與精力去仔細認識與了解對方的人格特質，才不會在日後發生視人不清的遺憾。

　　至於怎樣認清楚一個人的人格特質呢？第一個要件是必須要有耐心，花點時間去認識一個人。正所謂的「路遙知馬力，日久見人心」。在關係的初期，人會花費許多心思去打點與修飾自己的行為，這與真實的人格特質間會有落差存在；但時間一拉長，這些本性是無法掩飾的。因此，多花點時間與精力去觀察一個人絕對是一件值得的事。

　　認識人格特質的第二個重點是不要害怕負面情境對人的影響。一般而言，當一件事情被人察覺是一種壓力來源的時候，這樣的事件也接近個人處理能力的上限，這意味著個人沒有餘力去處理自我形象的問題。在這個時候，個人的真正個性就會表露無遺。而一個人是否能成為一輩子患難與共的夥伴，在這個人性考驗的關卡上，就可以得到正確的解答。在接受生活負面事件的考驗的同時，張大眼睛仔細觀察身旁另一半的反應，將會讓你對他的人格特質有更進一步深入的了解。

至於怎樣的特質是挑選情人時必須具備的呢？這其實非常難以下定論。但與其追尋一些外在大家公認好的特質，不如思索自己是否了解對方，並且是否可以欣賞這樣的特質。只有在彼此欣賞與了解的前提下，兩個人才能針對這些特質展開配合與修正，並建立起應有的默契，共同面對感情上的風風雨雨，也才可能走得長長久久。

雖然如此，仍然有一些良好的個人特質可提供大家在選擇情人前作為參考。首先，由於溝通是維繫感情非常重要的方式，一個願意保持彈性、不固執己見，不以自己的想法感覺為中心，願意傾聽他人心中真正聲音的人，是第一個應該要考慮的個人特質。

其次，由於情侶之間有許多的關心與涉入，也會有許多情緒的碰撞與產生。當人處在強烈的情緒狀況下，也會有許多不理性的行為隨之發生。因此，一個人是否具有良好的情緒管理能力，並且能適當地駕馭自己的情緒，不傷害自己與他人，是第二個應該考慮的個人特質。

第三個在愛情中應該要注意的特質是：另一半是否具有學習與成長的特質。由於現代社會是一個快速變動的社會。新知識的產生與環境的變化已經成為常態，如果個人沒有辦法接受這樣的現實，並且讓自己處在不斷學習與適應的狀況，反而非理性地排斥生活中的變動，這在日後將出現兩人學習成長速度不一致的現象，也容易演變成兩人相處的衝突

點。因此，一個具有學習意願與自我成長潛力特質的人，不
但越能適應未來社會生活的變化，並且能將這些變化轉化為
生活的正面動力，成為一種生活的情趣。

　　另外，由於社會的變動是一個不可避免的情況，隨之而
來的壓力也會變成生活的常態。因此，是否具有一定抗壓特
質的人，也是一個挑選伴侶時必須考量的重點。這個抗壓性
包括懂得利用方法與資源理性解決問題，懂得調整自己的情
緒與心態去面對並接受無法解決的困境，並且不會非理性地
將情緒轉嫁他人身上，是幾個應該考慮的特質。

　　最後，一個對於生活有組織、有想法、有規劃，但卻能
兼顧現實，不過度追求理想與完美的人，是另一個挑選情人
時應該注意的特質。由於人生是一條漫長的過程，它必須依
賴理想來規劃願景、導引方向，並且以有效率的方式來達成
這些願景。這些規劃都必須立基在現實上，不好高騖遠，不
以完美主義的批判態度來彼此對待，才有可能完成。只有在
相互讚賞與鼓勵的情況下，兩個人的共同人生才能走得又長
又遠。

　　真實人格特質的展現通常需要時間與情境的考驗，只有
在充裕的環境因素下，才能看出一個人的真正本性。在感情
的路上，每個人都有一條又長又遠的路要走，千萬不要因為
一時的心急而做出錯誤的選擇與決定。畢竟在台灣的社會
中，建立一個人際關係非常容易，但是一段人際關係的結

束，卻需要耗費許多的心力，甚至付出慘痛的代價。所以，在感情的道路上「緩」會比「急」好。仔細看清楚一個人的人格特質後，再做出一個穩固的承諾，對雙方而言都是一件好事。千萬別忘了！個人特質之所以為個人特質，就在於它的維持性與長期性。選對特質，會讓自己在未來的感情路輕鬆許多。與其日後在彼此特質的修改上爭論不休，不如在事前多花點力氣選擇一個具有適合自己接受的特質的人，才能發揮事半功倍的效果。

💡 施老師的叮嚀：

　　在戀愛中，要記得保持理性的力量，不要被一時的愛情沖昏了頭，忘了仔細去看清楚對方的人格特質。一個擁有好的人格特質的人，才有能力帶給自己以及周遭的人幸福。與其在日後悲嘆自己選錯了人，不如在戀愛的最初就學會挑選一個適合自己人格特質的人。

# 約會的涵義與小祕訣

　　隨著心儀對象的出現，生活其實已經悄悄地產生了一些改變，其中最令人興奮與期待的就是約會時刻的來臨。通常大學生的約會有一定的形式變化。最開始的約會通常都是一種群體式的約會，也就是一群人與一群人之間的聯誼。隨著交往對象的慢慢固定，一同出遊的團體會逐漸縮小，開始進入到兩人單獨相處的世界當中。

　　約會是兩人關係進展的最好催化劑，因此，懂得如何去營造約會的氣氛、滿足對方對於約會的期待，對於彼此的關係會有加分的效果；相反地，不良的約會經驗也會造成關係進展的阻礙，因此，如何把握機會、預先做好規劃與準備，讓每次成功的約會經驗變成美好的回憶，是每一對戀人要學習與面對的課題。

　　創造美好約會經驗的第一件個成功約會的小祕訣是：「雙方喜愛與需求的滿足」。由於約會是一段彼此共享的時光，是否能夠兼顧彼此的喜好，往往是下一次對方是否願意繼續接受邀約的重要因素。因此，在設計約會的內容以及方式的時候，除了安排自己喜歡或是熟悉的事情外，也能體貼地尊重對方不同的想法與需求，就能跨出成功約會的第一步。

　　第二個成功約會的小祕訣是：「如何在約會中創造美好的共同回憶」。當約會是兩個人所共同從事的事情時，彼此的投入與承諾會扮演感情的催化劑，也促進彼此的了解，約會經驗也會形成情人之間的共同回憶。這樣的經驗不僅會成為兩個人未來交談的話題，也會形成下一次互動的基礎。

　　第三個成功約會的小祕訣是：「時間的管理以及守時習慣的建立」。在台灣的「差不多」文化中，時間是一個概略的觀念而不是一個精確的概念。尤其對女孩子而言，似乎大家都能夠容忍她們的不守時。但長久來說，守時習慣的養成對於感情的發展會有加分的作用。因為遵守事前的約定，在約好的時間之前就將所有其他與約會無關的事情完成，這代表個人對於這次約會的重視。而在守時觀念的基礎上，約會才有按照原先規劃的時間、內容，完成的機會。當約會雙方都能夠按照原先的預期，清楚明瞭下一個時刻將會發生怎樣事件的時候，這樣的約會方式會降低許多的不確定性，並且帶來對於時間以及事件的控制感。透過控制感的增加，也增加對於約會以及對對方的好感。

　　第四個成功約會的小祕訣是：「保持彈性」，隨時有一個替代的準備方案。雖然有時候計畫的速度會跟不上環境的變化，但當原先規劃的約會內容無法執行時，如何迅速地找出一個替代方案，不要讓自己陷在一種不知道要做什麼的窘境中，是一個可以避免的狀況。有準備的人通常比沒有準備

的人能帶給對方多一點的信任感，並且呈現出個人應變與危機處理的能力。

　　第五個成功約會的小祕訣是：「如何降低約會的危險性」。有時候，約會的人太過於沈溺在甜蜜的兩人世界中，也會忽略周遭環境的潛在危險，讓自己可能受到傷害而不自知。這些環境的危險包括使用機車作為約會的交通工具，機車行駛於道路上的危險性；在偏遠山區夜遊時的治安狀況不佳等等的不確定因素。如何預先做好防範、思考應變措施，並且將這些危險因子降到最低的程度，以免發生「稱興而去」，最後卻「敗興而歸」的狀況發生，是每一對約會中的情侶應該要小心思考的事。

　　另一個容易影響約會感受的事情就是金錢的運用。由於約會本身具有所謂的娛樂功能，在現代化的社會中，這也代表金錢的支出。對於大學生而言，這是一筆相當大的開銷。因此，要記得做好消費前的規劃，在合理的能力範圍下消費，才不會因為過度的支出對日常生活產生不必要的干擾。切記！千萬不要打腫臉充胖子，以借支的金錢來支付約會的開銷。一方面，這些借貸將會造成你未來人生發展的絆腳石，高額的利息支出將讓你陷入努力工作只為償債的困境中；另一方面，以借支金錢消費也會讓對方錯估你真正的財務狀況，當他發現你是以未來的金錢去營造今天幸福的假象時，這會令一個期待平凡幸福的人感到相當不安，並且為日

後彼此的不良互動種下衝突點。

　　當然，約會中有一個非常現實的問題是：「誰來付錢？」在傳統的約會觀念中，好像男生應該要支付多數的帳單。然而，在現代的社會中，這樣的觀念似乎應該要有一些修正。尤其在戀愛初期，彼此的關係還不穩定時，最好的做法是各自負擔自己的花費，不要太早接受對方的禮物以及經濟上的資助。如同俗語所說：「拿人手短、吃人嘴軟」。太常接受對方金錢資助會讓自己在面對對方一些不合理或是還沒有準備好的要求時，陷入不好意思拒絕但卻不喜歡這樣的感受的困境中。因此，「各付各的」絕對是約會關係初期一個最好的依循規則。至於日後該如何做，則隨著個別狀況不同，透過溝通的方式，建立起彼此心甘情願，並且可以接受的模式。永遠記得一件事情！別做自己能力之外的承諾，一旦承諾了，萬一以後沒有緣份在一起，就不要成為日後怨懟的理由。要知道，只有在彼此你情我願的情況下，才可能孕育出美麗的感情花朵。

　　最後，要提醒大家的是：約會除了是一種玩樂的性質之外，更重要的一件事情是：如何透過親密的觀察與互動，真正地去了解一個人格藏在社交場合、粉飾面具底下的真實自我。通常約會的對象非常有可能是日後陪伴我們走過漫長人生道路的親密伴侶。當這個伴侶的特質並不適合自己，並且缺乏在日後培養共同性的潛力時，其實就應該做出聰明的抉

擇。千萬不要只為了希望有人可以陪你，或是覺得沒有約會的對象，在同儕的眼中就是一個很遜的人這樣的錯誤觀念，而陷在約會這個表面活動中。別忘了！約會是一條通往幸福之門，如何掌握它的真正意義，而不是只注意到它的表面以及娛樂性，是需要聰明的你去仔細思考的。

> **施老師的叮嚀：**
>
> 　　良好的約會經驗是成功戀愛的基礎。透過一次又一次的美好約會感受，將會累積出幸福的戀愛經驗。多用點心思掌握約會的基本禮儀與技巧，將使自己在感情路上走得更為順暢。

# 安全性行為

　　戀人之間隨著感情的增溫，親密程度增加，身體之間的親暱接觸也會開始難以避免。在現代的開放社會中，牽手、接吻與身體碰觸等親密行為，已經被多數人接受，但這也意味著「情侶之間能不能發生婚前性行為？」是情侶之間遲早要面對的問題。

　　對於這樣的問題，隨著個人成長背景以及家庭教育的差異，其實有相當大的落差存在。對成長在比較開放家庭背景的人而言，身體成熟與性慾的發生是一種自然的現象，因此，對於性行為的發生會比較抱持著開放的態度。然而，也有另一部分的人是成長在一個道德規範比較嚴格的家庭之中，對這些人而言，性是一件必須在婚姻的框架下才能夠進行的活動。因此，如果兩個人之間的觀念非常接近，婚前性行為的發生與否，自然不會造成兩個人相處之間的困擾。然而，如果兩個人的想法差異太大時，「性」與「不性」之間，常會變成兩個人之間的爭執點。

　　有許多人常會以「愛我，就請給我」這樣的觀念來認定兩個人之間的親密程度，似乎認為兩個人之間有了親密的性行為就是愛情的保證。然而，外在行為不一定代表內在的想法。對某些人而言，性與愛之間其實並沒有太大的相關存

在，愛可能是一種心理狀況，而性只是一種生理活動，兩者並不相干；相反地，也有一些人會抱持著，「我給了，你就一定要負責」的心態，以性來交換愛情，並作為綁住對方的手段。然而，當性變成是愛情關係的枷鎖時，它也會開始變味，並且讓愛的感覺慢慢消退。

　　性就是這樣具有加溫感情與傷害感情的雙重個性。因此，在戀愛的過程中，如何了解彼此對於性的看法，並對這些差異發展出包容的態度，是維繫兩人親密關係的一個重要課題。對情人而言，如何讓性回歸到單純的男歡女愛，而不是一種關係上的心理遊戲時，或許更能夠讓兩個人的感情世界單純一點。

　　至於是否應該發生婚前性行為這樣的問題，在一個觀念多元的社會中，其實很難得到一個統一的標準答案。但一個非常重要的判別標準就是，當你與另一半發生性關係之後，你會不會感到後悔，並且無法承擔它所可能帶來的後果。台灣畢竟是一個比較保守的傳統東方社會，他人的眼光與想法仍然會對個人產生極大的影響力。不可諱言的是：台灣傳統觀念並不贊同婚前性行為，而男人對另一半的處女情節仍然非常強烈。因此，婚前性行為的發生通常會帶給女生極大的心理壓力。所以，在發生婚前性行為之前最好先三思而後行。

　　當然，在一個感情分分合合的年代中，搭配上「從一而

終」的傳統觀念，的確會有一種格格不入的感覺。然而，這就是台灣社會的特性，是生活在這塊土地上的人們仍然保有的觀念。因此，在發生婚前性行為之前，其實應該要以非常嚴肅的心態去面對這樣的問題。在這裡所建議思考的假設性問題是：「如果發生關係的另一半並不是你的真命天子，當你遇到一個真正心儀的對象，你是否可以坦然告知對方自己已經擁有性經驗的事實？」當這件事情的發生不會影響到自己未來看待未來兩性互動與交往時，發生婚前性行為才不至於產生心理的困擾與陰影。

當婚前性行為已經成為兩人親密關係中的一部分時，在這裡所要提醒的是避孕的重要性。因為如果輕忽了事前避孕的重要性，意外的懷孕，將會對大學生活帶來極具戲劇性甚至是傷害的改變與影響。

就目前台灣學生對於意外懷孕的處理方式有兩種不同的選擇方式。一部分的人會選擇結婚，在將孩子生下後，一邊讀書、一邊帶小孩；或是在小孩長大後，才重返校園完成學業。另一種就是選擇以墮胎的方式來處理意外懷孕的問題。但不論選擇哪一種方式，對女生的影響通常大於男生。

對選擇結婚生子的族群而言，由於養育子女需要耗費大量的時間與精力，除非擁有雙方原生家庭的支持與奧援，否則難以提供新生兒一個健康成長的環境。而奉子成婚的小家庭通常也會因為夫妻都還在就學階段，難以提供穩固的經濟

基礎，這通常會犧牲其中的一方休學在家，或是進入職場工作來照顧新生兒，通常這樣的犧牲大多是由女性來承擔。然而，照顧小孩所需要的時間、精力往往是超乎想像的，這些消耗常造成女性未來難以重回校園完成學業的重要因素。

　　而選擇以墮胎的方式解決兩難問題的情侶，也必須面對許多的墮胎後遺症。在道德層面上，台灣的傳統文化概念裡，多數的人相信胎兒已經具有生命與靈魂，墮胎與殺害生命的行為通常會被劃上一個等號。這樣的想法在「嬰靈」習俗的推波助瀾底下，更讓墮胎蒙上一層神祕的驚悚面紗。而在醫療層面上，雖然有部分的醫師願意從事相關手術，但對當事者而言，從尋找醫療院所開始，到接受完整的醫療手術以及手術後的休養復原，這都是一段漫長的生理、心理調適歷程。尤其墮胎手術可能會帶來影響日後受孕機會的後遺症時，更會增加當事者生活上的心理負擔。

　　此外，墮胎者內心的自我譴責也是一個具有長期效應的狀況。一般而言，道德良心的譴責雖然可能會隨著時間逐漸被淡忘，但對某些道德感特別強烈的人而言，這樣的譴責也可能隨著時間的流逝而更加深刻。這些負面的心理感受其實是非常難以加以忽略，並且將對個人未來的生活產生陰影。因此，為了避免意外懷孕所帶來的困擾，熱戀中的情侶最好還是得做好避孕的準備，才不會讓自己陷入現實與道德的兩難問題之中。

　　當然，如果真的不小心懷孕了，而且沒有人可提供適當的協助與幫忙時，也不要忘了向大學的相關行政單位要求協助。一般而言，學生事務處可以提供非常多的協助，像是衛生保健組可以提供生理健康與懷孕相關知識諮詢；輔導中心可以幫助你重新思考、釐清所面臨的困境；生活輔導組可以提供急難金錢方面的救助等等的服務。

　　請記住！天底下沒有解決不了的問題，最怕的反而是你會在缺乏資訊的狀況下做出令自己後悔的決定。別忘了！在大學中，永遠有人樂意幫助你！讓專業人士提供一些他們的意見與看法，你的困境或許將會找到一條不一樣的解決之道。

　💡 施老師的叮嚀：

　　　請尊重彼此對於性的不同態度。在彼此之間沒有得到共識或是做好心理準備之前，寧可慢，不要快！一旦決定進行性行為，千萬要注意做好妥善的避孕措施，才不會讓大學的求學生涯出現意外的插曲。

# 爭吵的處理

　　每對情侶都希望自己的愛情故事是同儕間最浪漫、最充滿甜蜜的一段傳奇。每對情侶也都小心翼翼地呵護著自己的愛情。但生活是現實的，在情侶之間不管怎樣的容忍與退讓，衝突似乎仍然是一件難以避免的事情，唯一的差別就只在於衝突程度的高或低而已。

　　其實，爭吵是親密關係中常見的現象。常有人會有這樣的疑問：「有問題難道不能用講理的方式好好溝通嗎？」。當然，如果情侶之間擁有一個良好的溝通管道，爭吵的機會會被降到最低的程度。但是，當兩個人交往一段時間之後，開始碰觸到一些比較核心的價值與行為時，溝通不見得可以得到立即的回應，不當的行為也不見得可以獲得立即的改善。在這種情形下，極有可能就已經種下爭吵的遠因了。

　　不過，如果用一種比較寬容的心情從另外一個角度來看，爭吵其實是突顯問題的另外一種方法。雖然這是一種比較激烈的溝通手段，但不失為是一種提醒對方在兩個人的關係中已經出現許多沒有獲得解決的瓶頸，需要雙方用嚴肅的心態來共同面對。所以，爭吵的結果不見得有害兩個人的關係，有時反而能增進兩個人彼此的認識與了解。因此，如何用一種理性的態度來看待爭吵，是大學生必須學習的一個重

要課題。

　　如何讓爭吵成為一件有建設性的事情呢？這其實是有訣竅的。首先，第一個處理爭吵的訣竅是，「控制情緒，避免雙方在激烈的情緒反應中受到不必要的傷害」。一般而言，當一件事情會變成情侶之間爭吵的焦點時，這代表其中一方的在意。由於爭吵常常是情侶處理問題時最後選擇的手段，這也代表這些問題可能存在已久，並且累積了非常多負面的心理能量。當這樣的負面能量在未經控制的情況下爆發出來，也會帶來彼此關係的強烈破壞。因此，了解問題的焦點，並且理解自己與對方在情緒化的狀況下常出現的反應，把這些破壞的力量控制到一個彼此可以承受的範圍，是情侶在爭吵時第一個需要學習的課題。

　　第二個處理爭吵的訣竅是，當彼此發覺雙方都處在一種情緒激動、難以控制的情況下，「適時的時空錯開」是一件非常重要的概念。唯有當彼此都處在一種情緒冷靜的狀況下，理性的力量才能抬頭，也才能進行合理的溝通。因此，當自己或是另一半處在非常激動、無法思考的狀況下，最好先回到屬於自己的空間冷靜一下，彼此不互相干擾，直到雙方情緒都比較冷靜的時候再約定一個適當的時間進行溝通。

　　第三個處理爭吵的訣竅是，「學習以彼此都能接受的方式表達自己的意見與想法，並且以尊重為前提，不強迫對方接受」。尤其是在爭吵中面對許多難以解決的問題，當雙方

無法找出一個合理的解決方式時，常有人會用一種破壞性的方式，像是威脅傷害對方或是以自殘的方式，希望對方能夠退讓或是接受自己的意見，繼續維繫兩個人之間的關係與互動。然而，這樣的行為只是更增加對方對於不理性一面的害怕與反感，這些負面的感受將會逐漸累積，在未來的互動中重新出現，並且持續破壞彼此之間的關係。因此，不採取一些彼此傷害的方式來處理問題，才能降低爭吵的負面傷害。

　　爭吵的發生必然有其因素，這些因素可能來自於情境，可能來自於過去生活事件的影響，也有可能是來自於彼此的人格特質差異。如何理性地去找出這些差異的來源，並且平心靜氣逐漸修正與改變這些不利的因素，將是情侶們在感情生活上要一起面對的問題。唯有從根源的部分改善問題，才能避免相同的爭吵重複出現。

　　而情侶之間的吵架常常也起源於男女看待不同事情的角度與眼光。這無關對錯，只是立場不同而已。因此，對情侶而言，爭吵的目的不在找出所謂的誰是或是誰非，更重要的是，能不能在爭吵過後，讓兩個人的觀念拉近到一個彼此不滿意，但能夠接受的程度？這意味著兩個人的改變與調整都非常重要，不能只有單方面做出改變與讓步。因此，適時地退讓以及善意的調整與改變，都能降低爭吵的傷害，並發展出更為友善的互動模式。

　　此外，在男女爭吵之中，常看到的是男女差異所帶來的

影響。對於女性而言，常在爭吵中表達出自己真實的情緒，而男性在面對情緒時，卻常常不知所措，不知如何處理。反觀男性，常常在爭吵中在意的是：「我可以做什麼？」對男性而言，採取行動似乎是一種更有效可以處理爭吵的方式。因此，如何在爭吵中，一方面讓彼此的情緒可以找到一個適當的出口，並能夠兼顧對於一個未來可行的行動方案的期待，便是男女雙方在爭吵中要學習兼顧的事情。唯有在感情充分的宣洩之後，理性才能夠發揮作用；但也只有在可行的行動方案出現之後，行為才能有所依據，避免未來爭吵的再度發生。

在這裡也要提醒大家，在爭吵之後，雙方會協議擬定許多行為改變計畫，但是因為人的忘性與惰性，這些計畫與協議通常沒有被妥善地執行。許多人在吵完之後，就忘了自己所許下的諾言。而這些遺忘的事物就變成下次爭吵的導火線。因此，除了提出一些對於改變不當行為的具體建議外，更重要的是要持之以恆地執行這些建議。相同地，由於行為與習慣的養成通常不在一日之間，對於對方想法與行為的改變，自然也需要多一些的耐心，靜待對方改變的發生。

在兩性互動上，爭吵本來就是一件難以絕對避免的事情。在心理上要接受情人之間爭吵存在的事實，並且以一種理性溫和的方式來處理差異與問題。良性的爭吵是可以增進兩人之間的親密，但也別忘了，負面的爭吵也會造成未來互

動的障礙。下次在雙方情緒激動時，別忘了善用正面處理爭吵的訣竅，讓彼此的感情變得越吵越好。

施老師的叮嚀：

　　記得以平常心來看待情侶之間的爭吵，讓它產生正面的意義，成為調整彼此觀念差距一種不得已的非常手段。不要讓不當情緒的發洩成為傷害彼此關係的元兇。

# 分手

「分手」在傳統台灣人的觀念中，常被貼上負面標籤，也是大家避而不談的主題。但是當兩個人的感情走到一個瓶頸點，也盡了所有的努力，依舊沒有辦法解決彼此之間的差異時，通常就會面臨分手的危機。

對大多數的學生情侶而言，在交往的最初，都不認為自己將來與對方會有分手的一天；也因為如此，分手對於雙方而言，都是一件不熟悉並且難以處理的事情，也容易用情緒化的反應及不適當的行為來面對它。因此，如何以合理的態度看待分手，並且妥善處理，是大學戀情中一個必須學習的重要課題。

如何能夠避免分手的發生呢？由於兩性交往建築在彼此的互動上，只要其中有一方對於彼此的關係開始感到不滿意的時候，就已經為分手種下了遠因。一般而言，不會有人在突然的情形下向另外一半提出分手的要求。分手通常是在重複出現的人際衝突中，長期累積而成的結果，因此，隨時檢測自己的戀愛關係，了解對方的感覺與感受，是避免分手的不二法門。

分手對哪一方的傷害比較大呢？對提出分手的人而言，分手是解決人際困境的最後一種方法，也代表他內心中所感

受的負面能量已經累積到一定的程度，不得不用這種具有嚴重破壞力量的方式來解決他的痛苦。因此，一旦有人主動提出分手，代表的是關係的難以修復。

對提出分手的人來說，因為是在長時間的醞釀之後而做出的決定，他所承受的衝擊通常比較小；但對被提出分手的人而言，由於對彼此關係的裂痕缺乏警覺心，也沒有意會到關係已經出現危機，因此，當自己的親密戀人向他提出分手的要求，反應會是非常震驚而且難以承受。此時，心中所縈繞的感覺常常是：「怎麼會這樣？」、「為什麼？」、「再給我一次機會，我一定會改變！」等等的想法，容易以懇求的方式換取對方的回心轉意，甚至會出現許多不理性的行為，像是強迫對方談判、以跟蹤的方式盯人等恐嚇、脅迫，甚至自殘的方式死纏爛打，希望對方回到原先的男女朋友關係中。但這樣的方式不但不能收到修補感情的效果，也讓彼此關係進入一個更惡劣的狀況，產生無法彌補的反效果。

究竟應該要如何面對分手的情境呢？以誠意了解問題並加以彌補是一個必要的過程。但是如果對方心意已決，沒有任何回心轉意的跡象，就應該尊重他的意願接受分手的事實。這時候的思考應該從「挽回關係」轉變到「如何療傷止痛」。愛情是個有趣的事情，當一個人投入的愛有多深的時候，通常所感覺到的痛也會有多深。這種深刻的感覺不可能

在一時三刻之間可以輕易地排解掉。正因為這樣的負面情緒非常強烈，必然會干擾個人的正常生活作息，也會影響對生活的控制感，而生活失序所帶來的無力感會更加深分手的傷害。因此，在面對分手的時候，如何排解負面情緒，讓理性保持運作，將傷害控制在一定的範圍之中，是首要的因應之道。

其次，要改變自己的想法，不要認為分手是人生的失去，應該反過頭來仔細省思自己在這段關係中獲得些什麼？學會哪些人生的課題？在戀愛的關係中，總會有付出與獲得，有時候很難去評斷到底公平或不公平。不要太計較得或失，讓彼此都留存一些美好的記憶，有一天，你會讚嘆自己的生命中曾經擁有這麼多的正面事物。

接下來，提供幾個方法供大家作參考，或許可以減少分手的傷害性。

首先，盡量不要在沒有預警的情況之下，做出分手的提議。意料外的狀況總是讓人難以應變，利用循序漸進的方式慢慢疏遠對方，讓雙方之間的關係因為時空距離的阻隔由濃轉淡，讓彼此有較多冷靜思考的機會去接受分手這個事實，這也會讓彼此有足夠時間重新建立新的生活秩序。

接下來，要給對方一個合理的理由，讓對方非常清楚彼此不適合的原因何在，幫助他避免在未來因為同樣的因素而遭遇到相同的挫折。當然，這必須在雙方都處在情緒相對平

穩，能夠理性面對分手已經成為定局的情況下，才能進行這樣的討論。以對事不對人的態度，避免彼此攻擊與指責，善用肯定的方式提醒對方，是這個技巧在運用上一個非常重要的部分。

第三，要用溫和的態度來討論分手的相關議題，而不要以激烈的手段造成高度情緒激發，或是導致危險暴力，以及自我傷害的非理性行為出現。在戀愛關係中，最要不得的心態就是：「他是我的，我得不到他，別人也休想得到！」，或者是：「不能跟你在一起，我寧可死了算了！」只有在平靜的心情下，雙方才能真正看到彼此不適合的焦點所在；也只有在認清楚這些問題的癥結時，才能心平氣和地看待必須分離的現實，並且給予雙方應有的祝福。

此外，第三者的介入是一個最讓人無法接受的分手理由。許多人認為，如果沒有第三者出現，他們的關係仍然不至於惡化到分手的局面。但實際上，第三者的存在只是反映出兩個人之間感情的問題。真正親密的關係是容不下另一個人的介入的。在不斷譴責第三者的情況下，是不可能理性地看清楚兩人關係破滅的真正原因。因此，在還沒有處理完前一段感情分手的問題時，就算遇到一個真正喜歡的對象，也應該要先停止彼此關係的發展。因為隨著與第三者之間的感情加溫，往往會讓分手的問題更加難以處理。要學著在每段感情劃下句點之後才開始另一段戀情，會讓感情的世界變得

較為單純。

　　由於分手通常會讓身處這個關係中的人受傷很深，也需要一段時間才能真正地從過去感情的陰影中走出來。時間是療傷止痛的重要方式，換一個角度想，如果在每段分手的過程中，都能更加清楚地了解自己，也能夠逐漸建立健康的兩性互動模式，對未來的人生而言，分手何嘗不是一件好事。「捨得、捨得，唯有徹底的捨去，才會有真正的得到」，或許就在捨得的過程中，真正適合自己的人才有機會出現。在合理的努力之外，該隨風而去的，就讓他去吧！在這過程中，你才會體會感情的真正意義。

> **施老師的叮嚀：**
>
> 　　正面理性地看待分手，或許能夠讓兩個沒有緣份走下去的戀人，在傷痛中學會更積極地看待未來的人生，也不會讓這些應該留在過去的戀情，成為日後不斷傷害自己以及身旁他人的恐怖夢魘。

第 7 篇
生涯規劃篇

# 未來生活的開展

　　無庸置疑，大學是人生的一個重要階段，它帶給人強烈的生命經驗，這些經驗也會改變我們對於人、事、物的看法，協助我們建立自己的生活哲學。但不論這些經驗多麼的重要與美好，大學生活是生命中的一個階段，一旦開始，就注定了結束的一天。如何做好生涯規劃，讓自己的未來與大學生活中所學習到的知識與能力做一個緊密的結合，是每個大學生都應該需要花費心力去嚴肅面對的課題。

　　由於人生每個不同發展階段的經驗都會緊密地結合在一起，上一個階段的努力成果會展現在現在；而現在所作的投資，則會影響到未來。因此，對每個大學生而言，不僅需要踏實地度過大學生活的每一天，培養自己未來的競爭實力，更重要的是不斷地從這些學習經驗中發掘自己的特色與專長，並且尋找適合自己的未來發展方向。通常越早開始思考這些問題的人，他的準備起步會越早，目標也越清楚，所累積的資源與實力也會越充分，自然會得到更高的成就。

　　至於什麼時候應該要開始思索自己未來的生涯發展問題呢？通常大一還在適應大學生活階段，缺乏足夠的資訊來進行生涯決定，在缺乏資訊的前提下，不容易做出正確的選擇；但如果這個問題一直延宕到大四，則可能因為畢業在

即，所剩餘的時間相當有限，通常不足以培養未來發展所需要的能力。因此，大二可能是一個開始規劃未來生涯發展的好時機。對大二學生而言，這個階段通常已經適應了大學生活，在學業的學習上也接觸到專業科目，開始建立專業能力與認同。因此，可以利用這一年嘗試接觸與蒐集資訊，並且實際探索各個發展方向對於自己的適用性。當資訊充足之後，在大三開始的時候做出決定，並且開始著手進行準備。在一年半的準備時間下，比較能夠培養應有的實力，並為將來的生涯轉換做好穩固的基礎。

在接下來的章節，將針對大學生較常選擇的四個未來發展方向：國內研究所進修、出國留學深造、參與國家考試以及進入社會就業，提出一些想法與建議，以提供同學做為參考。

# 國內升學：進入研究所的準備

近幾年來，國內高等教育急遽膨脹，不僅大學升學管道已經暢通，研究所的數量也大幅增加，成為研究生似乎已經不再是一個遙遠的夢想了。但也因為碩士的大幅增加，許多大學生開始產生沒有碩士學歷就會在未來職場缺乏競爭力的焦慮。因此，是否應該報考碩士班？應該自行準備考試或是參加補習？這些疑問常困擾著大學生。

其實，是否需要就讀研究所是一個見仁見智的問題，研究所是一個進入學術研究世界的入門階段。大學時期所學習的專業知識是一些基礎概念，偏重於學術研究的成果統整；而碩士班的訓練，則會接觸學術知識產生的過程，這兩個階段的學習內容與訓練並不相同。碩士班的指導教授除了期待研究生具備基礎的學識素養外，也期待他們能夠具有發現問題、主動探索與組織知識，以及參與學術研究活動的熱誠。

從這樣的角度來看，該不該報考研究所是一個非常值得仔細思考的問題。碩士學位不只是一張文憑而已，它代表了一定程度的學識、學習求知的精神，以及探索解決問題的成果，這些能力需要強烈熱忱與付出才能夠逐步完成。如果個人只是因為周遭的同學都在準備研究所，自己像是參與全民運動一樣參加研究所考試，未來縱使通過入學，在就讀之

後，也會因為不清楚自己的研究興趣與方向，而使得研究所的學業變得難以完成。因此，在無法回答為什麼想唸研究所以及在進入研究所之後，將可能往哪一個方向發展之前，或許多花點心力去思考，並且得到一些可以說服自己的理由之後，更能夠支持自己順利地完成研究所的學業。在對這些問題一直無法得到適當的答案前，不妨可以先考慮就業或是服役。許多研究所其實更歡迎具有工作經驗的學生前往就讀，其主要原因就是，當學生接受過實務界的洗禮之後，會更清楚理論與實務之間的關係，比較了解自己的特質、能力以及研究方向，並且會珍惜難得的進修機會，反而更能夠順利地完成學業。因此，先就業不見得不利於碩士學位的取得，有時反而是一種助力。

　　至於該如何準備碩士班的入學甄試呢？碩士班的入學程序是一些以特定方式篩選適合就讀學生的過程。所謂的「適合」，會隨著每個研究所的特色與發展方向的存在差異。因此，準備入學的一個重要事情就是獲得充分適當的資訊，這些資訊包括在研究所的課程與師資上，要弄清楚「它的發展方向如何？」、「哪些師資提供怎樣的課程？這些師資與課程是否我所感興趣的？是否符合未來的研究方向？」以及「設備是否足夠，可以協助我的研究發展？」。師資、課程與設備的良莠，將會影響未來碩士論文的撰寫與研究成果的品質。

　　其次，另一個應該了解的就是，研究所畢業生的發展出路。一般而言，就業出路的寬與窄通常也反映出這個研究所在業界之間的評價。而研究所碩士學歷在現階段的環境中，非常有可能是個人最後的一個學歷。雖然學歷並不一定代表所謂的就業實力，但學校研究所的整體形象的確會產生所謂的刻板印象。慎選一所好的研究所就讀，對未來的人生具有加分的效果。因此，從研究生的畢業出路中反推學校所能提供的教育品質，不失為另一個思考方向。

　　接下來，該做的事是確定自己希望就讀的學校與研究所。由於目前國內研究所為數眾多，每所研究所的發展方向與考試科目也不盡相同，全部報考可能會超過個人的負荷。因此，在準備考試之初就先縮小報考的範圍，按照自己的興趣、專長，以及個人較具競爭力的科目狀況，選擇適合的幾所研究所進行準備，在資源較為集中的狀況下，可以降低自己的負擔，也會提高進入研究所就讀的機率。

　　而在研究所入學管道上，目前主要分為申請入學以及參加招生考試兩種不同的方式。一般而言，在入學申請的審核上，過去的學業學習成績、學校生活社團表現、是否具備足夠的相關學術訓練背景、對於未來學習的組織性與企圖心等，是幾個評估的重要指標。而這些指標的呈現，除了一些客觀的書面資料來加以呈現與佐證外，大學教師的推薦函也具有一定程度的影響力。因此，如果決定以申請入學的方式

進入研究所，在資料的呈現上，要盡量詳實地呈現在大學階段的努力，並且扣緊這些努力與研究所的期待與需求之間的關係。此外，如何撰寫一份好的自傳，以及確實可行的讀書計畫，將會反應出對自己的了解、對學科現況的掌握，以及未來的發展潛力，千萬不要以一種輕忽態度處理這些資料。切記！一份刻板八股的申請函，除非個人成就非常突出，否則是無法引起審查委員太大的興趣。

另外，取得一份好的教師推薦函，有助於提高取得入學許可的機會。一般而言，在學術圈中，越資深且具有越高學術成就的老師所撰寫的推薦函，影響力越大，也越容易加深審查委員的印象。因此，在大學時期如何與這些老師互動、展現自己的能力，讓他們相信你有心向學，並且具有未來發展潛力，是大學生在入學之後必須用心經營的事情。此外，由於大部分的老師教學、研究與服務等事項的繁重，不見得有非常長的時間來撰寫推薦函。當老師同意為你撰寫推薦函時，提供完整資訊讓老師撰寫推薦函時做為參考，是學生自己應該負起的責任。因為「巧婦難為無米之炊」，最好的老師也無法憑空創造一份適合該學生的推薦函！

另一個進入研究所的管道就是參加入學考試。由於每個研究所的「考試科目」以及準備方向各有特色，入學考試的準備方向也不盡相同。一般而言，掌握這些差異必須依賴考古題以及參考書目的蒐集與分析。在埋首苦讀之前，透過學

長姐報考研究所的經驗分享，與現職研究生的討論，甚至補習班老師及顧問的分析與建議，都可以取得一些有用的資訊，提升準備考試的效率。

　　最後要提醒的是：不論以哪一種方式進入研究所，大學時代學習的紮實與否，都會影響到碩士班的成就表現。活在當下，好好地把大學讀好是一件非常重要的事情。紮實的大學生活不僅能為個人學識建立穩固的基礎，也能為自己未來做好準備。何樂而不為呢？

### 施老師的叮嚀：

　　　繼續升學與否，隨著個人的狀況不同會有不同的考量。不要隨波逐流，做出一些不適合自己的決定。如果決定繼續升學，及早準備將有助於提高通過入學考核的機率。也別忘了，研究所的成就有一大部分取決於大學學習基礎的穩固與否，顧好大學學業對自己的未來而言，絕對是件有利的事情。不要讓今天對學業的忽視，成為明天痛苦的深淵！

# 國外升學：留學生活的準備

　　在早期大學生的圈子中，曾經流行過一句順口溜：「來來來，來台大；去去去，去美國。」對過去的大學生而言，畢業之後出國留學不僅是追求成就的一條途徑，也是一個體驗外國生活與文化的最佳機會。出國留學是學業成績優異學生的優先選擇，但是，這樣的現象在今天出現了一些變化。

　　隨著台灣高等教育的蓬勃發展、研究所升學管道暢通、教育品質與歐美先進國家差距日漸縮小，再加上外國大學提供給台灣學生的獎學金機會減少，龐大的學雜費以及返國就業薪資與本土碩博士相差無幾的種種因素考量下，近年來，出國留學的風氣出現了降溫的現象，留學已經不再是現代大學生的共同夢想與唯一選擇。

　　雖然過去的優勢不再，但是出國留學仍然可以為大學生帶來許多在本國接受碩士教育所意想不到的好處。這些好處包括，在某些先進的學習領域中，歐美日甚至俄羅斯等國家的學術成就不容小覷，在全球學術領域中仍具有競爭的優勢；再加上異國語言的學習使用，以及異國文化生活的適應與體會，這些經驗會改變一個人的處世哲學與態度。在台灣無法阻擋的多元文化融合社會趨勢中，留學生活的確可以預先養成這些方面的多元適應能力。因此，在各項條件許可的

前提下，出國留學仍是一個值得考慮的未來發展方向。

　　至於應該要考慮哪些出國留學的相關事項呢？第一，經濟相關事物的安排。一般而言，出國留學需要一筆為數可觀的經費作為後盾，因此，不論是自行籌措、家長提供或是獎學金的爭取，都需要一段的準備時間。所以，一旦興起出國唸書的念頭，就應該開始思考如何籌措留學生活所需的金錢花費。

　　在過去，國外校方所提供的獎學金是支應個人學雜費的第一優先選擇。但由於台灣經濟的亮麗表現，加上國外大學財源日漸緊縮的現況，近年來，提供給台灣留學生的獎學金相對減少，這也造成了在獎學金申請上的競爭激烈。只有在大學部成績與表現都非常優異突出的申請者才有機會獲取獎學金，因此，在大學生涯一開始時就全心投入大學各項活動之中，才有機會在日後提高獲得國外獎學金的機率。

　　第二，通過國家考試與甄選，成為公費留學生。一般來說，目前政府提供公費留學生相當優渥的補助，不僅提供學雜費的補助，更提供一定數額的生活津貼，因此，公費留考是打算出國卻又困於經費限制的學生一個有用的管道。但公費留考的特性會受到整體社會需求的影響，這些名額會保留給國內缺乏相關人才的領域，這些領域通常不是最熱門的顯學領域，再加上名額有限，這都會增加準備上的困難度。但有心取得公費資格留學的學生，仍然應該要仔細注意教育部

的相關訊息。

如果家境並不富裕，家庭無法提供留學費用的資助時，另外一個方式就是自行籌措。這部分除了先行就業、努力儲蓄之外，目前教育部也與部分的銀行合作推出低利率留學貸款。就生涯投資的觀念來看，雖然這樣的貸款會讓人累積一定數額的債務，但從長期的觀點而言，由於學歷提高，薪資收入也會提高，也增加未來職場晉升機會，長期來看，反而增加經濟收入。因此，這是一個可以考慮動用的資源。

此外，有人採取的策略是先籌措部分學費，其他的費用則是到了留學地區再想辦法以打工的方式支應。一般而言，這是一個比較辛苦的做法。一方面，並非所有國家都歡迎留學生在學校之外打工，因為這將排擠當地人的就業機會，合法工作證的取得將會耗費許多心力；另一方面，打工容易分散個人在學業上的專注力，可能會影響學業並延長修業期限，這時候往往會得不償失。因此，打算以這樣的方式籌措學費的同學，就必須要具有堅強的毅力與體力作為後盾，否則，打工反而形成留學生活的障礙。

在解決完留學經費的問題後，下一個需要思考的問題就是如何選取適合自己的研究所。由於出國唸書是一個耗費鉅資與時間精力的決定，對台灣人而言，名校、名研究所，似乎成為選校上的一個重要考量。學校系所的名望反應教育品質，但是，到了研究所階段，每個人學習的需求已經出現分

化，不見得可以在每個學校中獲得滿足。因此，與其找到一個聲望非常卓越，但卻無法滿足個人研究需求的學校，不如尋找一個能符合個人需求與未來發展前景的系所。這方面的資訊除了可以從一些靜態資料中搜尋，與畢業系友的接觸，了解該研究所的狀況或是透過官方的駐台學術機構取得相關資訊，是在做出最後選擇前一些必做的功課。此外，在網路科技發達的時代，透過電子郵件與該系所直接進行接觸，甚至與特定的老師互動，這都有助於獲得資訊，做出正確決定。

第三，目標國家語言能力的檢定與考試。有許多學生在語言上遭遇挫折，甚至覺得系所對語言的能力要求似乎過高。但從另外一個觀點來看，語言是人類思考活動的基本工具，缺乏適當語言能力，就缺乏融入學習活動的基礎互動平台。對於學習難度越高的系所而言，相對地也需要更強的語言能力，才能應付日後繁重的學習要求。因此，在出國之前，如何將自己的語言能力提升到一定的程度是一個基本功課。由於語言能力的培養需要長期的努力與累積及早開始，因此，培養適當的語言能力，是每個有意願出國留學的大學生在大學生涯中就應該準備的事。

第四，個人特質的影響。由於碩博士班的課程緊湊，份量與要求都比大學部更為嚴苛，要在一定的時間中完成學業是需要一些個人特質來加以配合。這些特質包括抗壓能力、

時間管理能力，以及正面思考的能力。留學生活並不像表面的輕鬆風光，以非母語達到課程要求難度更是倍增，因此，適應不良是留學生活的共通現象。但個人是否能夠在最短時間內克服這些困境，所依賴的就是絕佳的抗壓能力。

此外，國外生活習慣與國內不同，不同的文化思維會導致一些無法預期的困境。因此，擁有絕佳的時間管理能力，提升留學生活效率，並且以正面思考方式看待留學生活中的種種難題，把這些困境當作是生命中強迫成長的動力，這將帶給個人生命中更加深刻的體會。「凡走過必留下痕跡」，越深刻的體會，也會帶來生命中更深刻的感動。如果可以的話，勇敢地背上包包，讓自己體會一下異鄉的學習生活，或許你的人生就會從此與眾不同。

 施老師的叮嚀：

　　留學可以獲得專業知識之外，更能夠透過生活的體驗，獲取許多書本中無法傳授的知識。因此，留學是人生一個值得投入的夢想與選擇。但由於留學生活需要大量的時間、精力與金錢，謹慎的長期規劃才更能有效率地順利完成夢想。

# 公職考試

　　現今的台灣社會是一個競爭激烈的社會。一方面，它充滿了機會，當一個人具有充分的野心、加上後天的努力，所創造出來的實力以及一點點的機運，都能創造出自己的一片天空。但是，並不是每個人都喜歡這樣的冒險生活。對於另一個尋求以安定為生活主軸的族群而言，一份穩定的薪水加上退休的生活保障，似乎是人生的一大樂事。如果你的思維是偏向這樣的族群，參加公職考試似乎是你最佳的畢業規劃。

　　參加公職考試，通常也會獲得家庭長輩的支持。對於走過人生風風雨雨的老一輩而言，公教人員的生活收入穩定，也不用擔心退休之後的生活，似乎是在難以掌握的變動社會中，一條最穩健平坦的人生道路，因此，有相當多的父母會鼓勵自己的子女在取得大學學歷後，投身穩定的公教生涯。再加上目前民營企業福利不見得優於公教福利，以及缺乏終身保障的情況下，越來越多的大學畢業生也認同這樣的觀點，選擇在畢業之後投身公教人員的相關考試之中。

　　正因為這是一條眾人稱羨的生涯選擇，投身其中的競爭者非常眾多。如何從眾多的競爭者中脫穎而出，讓自己花費在考試的時間與精力可以獲得回收，是誰也沒有把握的事。

再加上公職考試通常一年只會招考一次，有些缺額甚至要相當一段時間才會進行招募，所以，如何把握每次的考試機會，減少等待的不安全感，是需要每個有興趣參加公職考試的人要事先進行調整的部分。

至於應該要怎樣準備公職考試呢？一般而言，由於大部分公職考試的項目行之有年，考試科目也一定會事先公布，因此，越早起步開始蒐集資料進行準備是永遠不變的必勝法門。公職考試的科目雖然一部分與大學的專業能力相關，但公職考試也會測試一些基礎知識能力，像是國文以及英文，因此，有心參與公職考試的人是可以在大學生涯的早期就開始積極投入準備。一般而言，如果夠專心於準備工作的話，起步越早，所累積的實力也就越強。

此外，在投入公職相關工作的考試時，心態也必須進行調整。有許多人在選擇考試科目的時候，最常考慮的問題就是這個科目的錄取率有多高，並且會以錄取率的高低作為投入的選擇標準。然而，一定要小心這樣的思考模式所帶來的盲點。錄取率代表的意義反應了考試錄取名額與報考人數之間的關係，它只反映出在多少的員額底下，相對有多少人參加這個考試。但實際上，公職考試是非常現實與殘酷的，它的錄取代表了在客觀的標準下，只有擠進領先的族群才有錄取的機會。從這個觀點來看，公職考試講究的是個人實力，唯有能力超群者才能夠勝出，而且每次參加考試的成績紀錄

並不會被保留，這意味著，一旦沒有擠進錄取名單之中，不會因為些微的錄取差距在明年新聘人員的考試中被優先考慮錄取。一旦沒有錄取，代表每年的努力都將歸零，重新回到原點。在這樣的過程中，會不斷地耗損個人的心力。因此，在選擇考試項目之前，除了評估該職位錄取率的高低之外，如何將自己的實力列入考量，選擇報考一個自己的實力相對比較可能擠進領先族群的應試類別，是每一個有志於公職考試者必做的功課。

而在現代的考試中，完整考試資訊的蒐集與準備是一個不可或缺的事情。這些必要資訊包括考試的時間、應試的資格、考試的科目，以及相關的考試內容與考古題的蒐集。由於公職考識是台灣社會中另類的一種全民運動，參加的人數之多令人驚訝。也因為有太多人爭相投入這樣的競爭；相對地，坊間也有許多補習班因應而生。這些補習班對於上述資訊的掌握與了解相當清楚，因此，選擇一家具有信譽的補習班取得相關資訊是一個可行的方式。至於如何選擇一家好的補習班，除了從這些補習班過去輔導通過考試的錄取紀錄中可以獲得初步的概念，也記得要參考實際參加補習者的口碑。

最後，提醒有心參加公職考試的考生幾個在心態上應有的準備與調整。由於公職考試存在僧多粥少的問題，考試的難度相當地高，因此，不給自己過度「必上」的壓力，是避

免在考試中失常的的第一個法則。當自己用一種努力投入但不憂心於是否一定要通過的心態時，通常可以將心力全心投入與集中在應注意的考試科目之中。

其次，盡量不要有不切實際、抱著碰碰運氣的心態去參加考試。在生活圈中常會聽到有一部分的人沒有真正地投入準備，是靠著運氣通過考試的傳說。一般來說，這不見得是真實的。有許多人為了突顯自己的過人之處，常會隱藏真實的投入狀況。更何況，在一場公平競爭的考試中，如果自己沒有一定的實力作為競爭的後盾，有再好的運氣也於事無補。就算自己的運氣能夠好到僥倖通過考試，但在進入職場之後，在缺乏相關知識與實力的前提下，也不容易在生涯中找到著力的地方，而在生涯發展上受到限制。因此，抱持著準備考試是增加一個人未來職場競爭力的心態，會讓準備考試成為一件具有樂趣的事，這會讓人不會在沒有通過考試時，有一種浪費生命、一無所得的感受發生。

最後，立定自己的心志，不貪多，選擇適合自己的科目與考試，一步一步穩健地走下去。有時候，過度執著於以成敗論英雄，卻忘記考試本來就是人生的一個階段與過程。只要用心投入，「凡走過必定會留下痕跡」。有時太過在意結果反而會忽略了過程中所帶來的樂趣。但從另一個角度而言，「滾石不生苔」，一個人常會因為貪多反而失去手上能夠掌握的事情。由於每個人的時間、精力都非常有限，只能

在特定的時間底下做自己能力所能負荷的事情。過多的選擇固然保留了較多的選擇機會，但也有可能因為分散了心力，讓自己最後一無所有。聰明的你，應該知道並學習如何選擇與拿捏。

### 施老師的叮嚀：

沒有一個人對考試有絕對成功的把握。在面對考試時，與其不斷想像通過的機率有多高、自己的壓力會有多大，倒不如靜下心來全心準備考試，並且重新獲得學習的樂趣。不貪心，一步一步地紮實準備，一定會有成功的一天。

# 就業的準備

有一部分的大學生在畢業之後選擇成為社會新鮮人。然而，在這個人浮於事的社會中，如果沒有在大學時期就開始針對就業這個議題思考，發展個人的專長與特色，這會讓人在漫漫的職場路上遭遇許多意想不到的挫折。因此，就業絕對不是一件畢業前才開始思索的事情，而是在大學的求學歷程中，就應該不斷地探索，並且認真準備的重要事項。

到底就業市場需要怎樣的大學畢業生呢？從企業界的角度而言，以最少的代價聘請到具有多元工作能力，並且能夠快速進入職場狀況的員工是最受歡迎的。國內企業界所重視的，除了傳統的專業知識能力之外，學習意願、抗壓能力，以及團隊精神的建立，都是不可或缺的部分。

至於企業界如何對於這些能力進行評估呢？由於求職者眾多，所能依賴的就在於每個求職者所撰寫的履歷表、所檢附的大學成績單，以及面試中所獲得的資訊。由於履歷表與成績單記錄了過去大學四年有關學業學習，以及課外活動的成就與表現，這些紀錄都將成為進入職場的門票，只有用心經營大學生活的人才能獲得較佳的起步。而求職履歷就像一份大學生活的總體檢表，如何透過這些文件以過去大學四年生活的經歷，讓用人單位相信你具有相關專業知識能力、積

極學習的意願、未來發展的潛力、團體領導合作能力，以及
絕佳的抗壓能力，並且做好了投入職場的準備，這是大學生
活中要小心注意的事項。

　　在這裡，另一個要提醒的事情是：專業知識紮實與否是
企業用人的一個重要考量，不同的大學主修科目的確會影響
到就業機會。而國內的產業發展資源集中，熱門科系的畢業
學生有供不應求的現象，工作選擇機會較多。對比較冷門科
系的畢業生而言，工作機會相對較少，畢業之後從事與本科
系相關性較低的工作機會較高。在大環境的限制下，在校時
期最好以選修輔系的方式來增強就業能力。不過，由於產業
景氣變動快速，今日的明星產業也可能變成明日的傳統產
業，再加上過多學生投入相同產業的結果，職場上的競爭反
而更加激烈。因此，就業前仔細思考，配合自己的性向並掌
握社會脈動，才能做出一個比較適切的決定。

　　在大學學業學習上也有一些應該要注意的事項。通常大
學前兩年的學習目標是建立學科的基本知識，修課的科目以
必修的專業科目為主，這個部分是修習同一學門學生必備的
基本知識，也代表求職者所具備的基礎知識能力。隨著年級
的增加，個人在學科上的選修彈性空間也逐漸增大，這也意
味著個人專長能力的累積與分化。因此，在成績單中是否可
以顯現基礎的學業訓練能力，以及個人依性向與興趣所發展
出的特定專長，就會對最後的考量出現加分的效果。

　　需要提醒的是：實務與教育之間通常會有落差。對於企業界而言，如何縮短這個落差是一個頭痛的問題，也是職前訓練時的重點。從這個觀點來看，企業界會歡迎落差較小的工作者。因此，如何提前決定自己的就業生涯發展方向，在學生時代進入相關行業，以打工或是實習的方式累積相關實務經驗，也是一個讓自己在人事甄選中勝出的重要關鍵。

　　人事成本佔有公司經營成本的一定比例，私人企業總是希望以最精簡的人力去完成最多的工作內容。所以，從就業市場需求觀點出發，如何讓自己成為用人單位眼中「俗又大碗」的工作者，是每個大學生在就學時間就應該努力累積的部分。而工作能力除了包括課業、學業所代表的專業能力之外，人際互動、合作能力、認真負責的態度以及堅強的抗壓能力，都是職場必備的能力。企業界通常會透過過去求學生活中對於課外活動的參與以及成就來加以評估。因此，除了讀好書之外，適當選擇參與相關的課外活動，往往可以獲得一些加分的作用。因此，在大學時期，不要只躲在學術的象牙塔，適時與社會的脈動接軌，才能累積自己未來的工作實力。

　　此外，目前已經走向證照的時代，單純的畢業證書已經無法成為就業的保證，擁有適當的證照，將對求職具有加分的效果。由於證照的考試與準備都需要花費時間與精力，如果將證照的考試延遲到畢業之後才開始準備，在職場工作與

考試雙重壓力的煎熬下，困難度會更加提高。因此，在求學時期針對職場所需要的證照開始準備，甚至提前考取，這將替未來生活節省許多寶貴的時間與精力。

接下來所要提醒的一件事情就是：工作壓力。職場不像學校，對人有較多的包容；職場是一個現實的戰場，生存的壓力會不斷縈繞在每個企業人身上。及早培養抗壓性，讓上司相信你可以做好被交付的工作，是每個求職者應有的認知。因此，如何在簡短的求職面談中展現自信及抗壓能力，往往也是取得一份工作的重要關鍵。而如何展現這部分能力與求職者對於自身狀況的掌握及過去的成就有關，因此，在求職面談前，對於資料的整理、呈現方式的修整，以及臨場的表現，都需要不斷地練習與修正。在面談前，邀請一個有經驗的職場人對於自己的書面資料以及面談技巧進行檢視，並且提供修正意見，都可以提高就業的機率。

最後，在求職上常見的一個問題就是：理想工作機會的可遇不可求。一般來說，基層工作會是比較單調並且偏向操作性的工作。企業不可能在一開始就將核心重要的工作交給職場新鮮人來處理。如何學習度過職場最辛苦的菜鳥生涯是工作者必經之路。如果沒有辦法通過這些基層工作的考驗，自然也沒有升遷機會，也不可能在未來晉升高層領導階層。因此，認清事實，不眼高手低，也不要想一步登天，一步一步踏實地往前走才是求職的正確態度。在尋覓工作一段時間

之後，就該把握機會，選擇一個雖不滿意，但可以接受的工作先進入職場中。一旦求職的時間過久，公司也會擔心是否因為求職者的態度不夠務實，也會降低錄用你的機會。

在求職的道路上，多數的人都會有一段艱辛歷程，但唯有如此，才會顯出某些工作的可貴。「凡走過必留下痕跡！」除非放棄理想，努力的人都會在職場上找到屬於自己的一片天。不要有太多的擔心，勇敢地往前走，反而會有更多意想不到的人生收穫！

 施老師的叮嚀：

　　職場生涯與大學生活具有相當大的差異，及早了解就業市場並且預作準備，將會是能否順利從大學生活轉換到職場的重要關鍵。要記住！在進入職場之後，又重新成為社會新鮮人，在還沒有機會以實力證明自己之前，要以謙虛的心情和學習的心態來調整自己的腳步，讓時間與成就來證明自己。

# 為分離做準備

人生就像是一齣戲，當開演的那一剎那出現，也注定了落幕時刻的來臨。大學生涯開始後，也注定了大學生活的結束。這樣的感受在大一、大二的時候並不強烈，但在大三的時候就會開始影響生活的步驟，而這樣的感覺在大四的時候會到達一個最高點。

大四是一個充滿心情變化的一年。在大四一開始的時候，就會有許多線索不斷地重複提醒我們大學四年即將結束。這些事件包括畢聯會的成立、畢業紀念冊的編撰、研究所考試的來臨。而當學生在從事這些活動時，心中往往也是憂喜參半、五味雜陳。在喜的方面，一方面會高興四年的努力終於快要看到最終的成果；在憂的一面，也必須面臨即將畢業這個現實，如果自己過去努力不夠，沒有替未來預做規劃，畢業通常也意味著面對人生許多的不確定，心情也會隨之變得忐忑不安。

這樣的心情變化是一個必然的心路歷程。人是一種非常有趣的動物。在擁有對環境的控制感後，心中才會出現安全感。當身處在一個不熟悉的環境中，惶恐與不安是一些正常的感受，因此，人們會不斷地透過資訊的蒐集與實際接觸的成功經驗，重新建立起熟悉與掌握感；隨著這樣的進展，心

情也會相對地獲得緩和，體會到一種與環境和諧相處的感受。然而，當環境出現變化，這個熟悉感就會被打破，焦慮與不安的感受將會再度出現，也迫使人們採取一些行動，做一點事情去重新獲得對於未來生活的適應。而大四的畢業正意味著人生一個舊的階段的結束，一個未知的未來正等待著大家去努力開創與面對，出現心情的起伏是一個正常的現象。

有許多的人常會因為大學的美好學習經驗而將生命停留在這些回憶當中，所言所行都逃脫不了自己的大學經驗。然而，時間是一個殘酷的東西，一旦時間過去了，所有的時空背景都會出現轉換，這些美好的經驗都將只留存在每個人的心中，不復存在，並且不可能重新再出現。因此，在大學生活將近尾聲的時候，學會為這個分離做準備，告別自己的愉快學習經驗，並將這些經驗轉化為一些對於未來生活有用的技能，而不是一個讓自己無法跳離的回憶禁錮，是每個大四學生所必須審慎面對的課題。

有一部分的學生，尤其是在大學之中曾經在學習、社團等方面擁有輝煌成就與記錄的學生，往往在畢業之後期許自己能夠持續過去的光榮時刻，在職場上再創傲人的成就。當然，對自己具有一個高的期許，是追求成就的一個重要關鍵。然而，大學時期的成就雖然可能是未來工作成就的一個重要能力指標，但這兩者之間並非是一個絕對的高相關關

係。有許多曾經在學校中表現非常優秀的人才，在出了校園之後便喪失了過去的光環，成為一個與他人並無太大差異的一般工作者。

為何會出現這樣戲劇化的轉變？其中的關鍵就在於學校與社會並不是一個百分之百相同的環境，而這些差異會導致過去的學習經驗無法全然地複製到社會生活之中。大學畢業後就要認清這個事實，學會在一個更嚴苛的環境重新面對挑戰，投注足夠的努力、發揮潛在的才能，才能創造生命的另一個新高峰。否則，自己就會停滯在往日的光榮，成為過去光輝記憶的心理囚犯。

因此，在適當的時候便要為大學生活劃下一個美麗句點，勇敢地向未來的人生走去。對於畢業，個人應該有的認知，就是當你邁出校園的那一剎那起，所有的時空背景都將不復存在，所有的人、事、物也會隨之改變，這也意味著人生新階段的開始。過去的成功已經成為記錄，接下來要更加積極面對的是：如何從過去的成功經驗中汲取出專屬於自己的能量與動力，並且妥善地利用這些過去的競爭優勢創造出更美麗的未來。

有許多人擔心離開大學會是一種人生的失落經驗，在離開的過程中失去人生的一塊重要拼圖。但這是一種多慮的心態，因為大學生活已經悄悄與我們的內在合而為一，是難以改變與抹滅的。人會不斷地透過與環境的互動過程中，將生

活的體會寫進生命經驗，改變我們的認知、態度與選擇的生活方式，也成為內心深處記憶中最豐富的一頁。離開大學只是一種形體的離開，這四年的學習經驗已經深深地改變了你的人生，除非你刻意地去否認，否則，它已經自然而然地成為你生命中的一部分了，不需要再刻意地去保留。越想掌握些什麼，反而更容易失去些什麼。因此，適當地告別過去，讓自己的心空出一些位置準備接受更多新的人生經歷的衝擊，是大學生活的最後一個功課。

時間是一個永不停下腳步的巨人，不管你是否願意，它總是依照自己的節奏，不留情地往前走去。當畢業的那一剎那來臨，不管有多少的留戀，有多少的不願意，有多少的捨不得或者是有多少的懊悔，它就這樣過去了，並且我們也無力召喚，讓大學生活重新再來一次。因此，勇敢地面對分離時刻。只有勇敢地說出：「再見！」你才會有真的「再見」的一天；唯有「捨得」，才會有真正的「捨得」！

### 🔆 施老師的叮嚀：

　　大學生活只有一次，在這四年中必須要學會好好地把握。一旦畢業驪歌響起，就要學會面對自己的未來，勇敢地向前走去。大學經驗是人生美好的經驗，但卻不是限制。要懂得利用這些經驗作為未來成長的基礎，而不是成為一些無法超越的障礙。

# 結語：人生願景

　　大學，人生的一段黃金時間，是人一生中最充滿了青春活力，也是最具有機會的時期。在這個階段，每個大學生都要充分利用環境所提供的絕佳機會，不斷地探索、了解與充實自己，建立屬於自己的專業自信，並且找出一條自己認同、可以不畏艱難堅持下去的人生道路。善用大學中所學習的知識與經驗，讓心中充滿希望與憧憬，朝著理想開始起飛。

　　大學這四年，說長不長，說短也不短。但它會隨著時光的流逝成為每個人心中屬於自己的獨特記憶。大學只是人生的某一個階段，但它卻可能對一個人的一生產生非常深遠的影響。在大學所學習到的專業知識也會成為未來生活賴以維生的工作技能基礎；而在大學中所建立的思考模式以及學習態度，也會成為適應未來多變社會的利器。珍惜大學生活這段珍貴的時光，用心生活、努力學習，才能為未來生活奠立良好的基礎。

　　在離開大學校園之後，即將要面對的課題將會是如何在職場中懂得安身立命，讓自己成為一個社會的良好公民。由於現代社會是一個快速變動的時期，在全球化競爭的背景下，面對來自全球各地的競爭已經是生活在台灣這塊土地的

人民不可避免的未來命運。對個人而言，如何保有自己的職場競爭力，在社會中擁有屬於自己的一片天，這是大學畢業生所必須嚴肅面對的人生課題。

在過去的年代中，大學畢業證書不僅是一種個人過去學習成就的象徵，也是一種個人能力的表現。但是，隨著專業知識的快速建立與累積，在大學階段中所學到的知識已經開始成為一種進入各學門的基礎知識訓練。而要依賴四年的學習結果去應付未來四十年的工作生涯，這是絕對不夠的。因此，如果想要讓自己在職場上保持競爭力，並且隨時豐富更新自己的工作能力，就必須要讓學習成為個人生活的一部分，甚至成為個人的重要特質，這樣才能感受到知識的力量，並且成為學習的受益者。

在未來的社會中，終身學習的概念已經是一個不可阻攔的潮流。在過去的台灣社會中，大多數的人在升學主義的荼毒下，總是把唸書當作是一種應付考試的手段，最在意的並不是在這門課程的學習中可以獲取怎樣的知識，所思考的永遠是：「我可以考幾分？」、「我是否會被當掉？」，以及「我是否可以進入一個理想的科系？」在這樣的分數至上、考試為重的思維下，唸書的樂趣往往已經被消滅殆盡。在離開校園之後，有許多人因為這些學習的不當想法與挫折經驗，切斷了自己與知識之間的關連。

但知識是一種具有強大改變思維以及生活方式的理性力

量，善於掌握知識的人將是一個願意以理性來主宰自己人生的人，他將懂得利用知識加深生命的深度，也會妥善地規劃自己的未來，並且利用知識的力量一步一步地實現自己的人生願景。大學的學習，除了建立個人基本的專業能力之外，其中更重要的是讓自己開始接觸未來生活所需的知識，並且建立喜歡親近知識、享受學習快樂的態度，並且將這樣的態度延伸到畢業之後的生活中，並從其中不斷地受益。

　　大學對許多人而言是人生中最後一個非常清楚由環境告訴你該做些什麼的四年。在離開這個環境之後，人生的主控權就完完全全地回到了自己手上。在大學時代中就已經開始編織未來生活的夢想，並且開始為實現這個夢想而努力的人，畢業就是夢想開始起飛的時候。但也有許多人，在大學時期並沒有真正地思考他未來的人生將何去何從，畢業不僅沒有帶來任何喜悅，反而是生活挫折累積的開始。但無論如何，每個人都有離開校園的一天，為人生勾勒出一個美好的願景，並開始努力實現夢想，是人生的一個重要課題，也是大學生應該要為自己的生命所負起的責任。

　　當一個人對於自己的未來生活越有規劃，並且依循計畫培養自己所需要的能力，往往就有越高的機會在日後的生活中完成自己的夢想。這就是俗語所說：「有願就有力」的概念。與其隨波逐流，讓自己的生命交給不可預期的環境，倒不如讓自己善用知識的力量，仔細地思考自己未來將何去何

從，並且透過計畫一步一步踏實地向夢想邁進。不要忘記！從自己內心所得到的人生控制感，是比外在環境的回饋更能夠帶來人生無窮的幸福感覺。

「人因夢想而偉大！」但夢想必須站在踏實的基礎上。這個的基礎包括對自己的真正認識與了解，對於通往夢想路途的了解，以及是否能夠朝向這個夢想一步一步地踏實前進。這些問題都應該在大學四年的學習生活中，一點一滴地慢慢累積與準備。如果這些準備都已經完成，就是該離開校園的時候了。

人生的道路雖然辛苦，但是如果懂得善用知識的力量，用心看待每件事情，轉以樂觀包容的心情，或許人生會充滿樂趣而不是許多的壓力和悲苦。有許多時候，我們會不小心地困在過去的成長經驗與負面記憶之中，但記得！學習以吸取知識的方式，讓自己擁有看事情的新角度，去享受生命所給予的考驗與洗禮，人生或許就真的會大不同，願景才有實現的一天，這也不枉費在大學中度過寶貴的四年光陰。

施老師的叮嚀：

　　過去、現在與未來，是生活中密不可分的個體。在人生的旅程，只要掌握「記得過去的好」、「用心過生活」，以及「許人生一個夢想」的技巧，就可以讓它充滿樂趣。別忘了知識的力量，保持學習的心態與能力，你將會實現你的夢想，擁有屬於自己的彩色人生。

國家圖書館出版品預行編目資料

夢想起飛：全方位大學生活規劃手冊／施建彬著.
-- 初版. -- 臺北市：心理, 2006（民 95）
面 ； 公分. -- （通識教育；21）


ISBN 978-957-702-934-8（平裝）

1. 高等教育──學生


522.78                                              95015126

通識教育 21　**夢想起飛：全方位大學生活規劃手冊**

作　　者：施建彬
執行編輯：林怡倩
總 編 輯：林敬堯
發 行 人：洪有義
出 版 者：心理出版社股份有限公司
社　　址：台北市和平東路一段 180 號 7 樓
總　　機：(02) 23671490　　傳　真：(02) 23671457
郵　　撥：19293172　心理出版社股份有限公司
電子信箱：psychoco@ms15.hinet.net
網　　址：www.psy.com.tw
駐美代表：Lisa Wu　　tel: 973 546-5845　fax: 973 546-7651
登 記 證：局版北市業字第 1372 號
電腦排版：辰皓國際出版製作有限公司
印 刷 者：辰皓國際出版製作有限公司
初版一刷：2006 年 9 月
初版二刷：2007 年 10 月

定價：新台幣 250 元　　■有著作權・侵害必究■
ISBN　978-957-702-934-8

# 讀者意見回函卡

No. _____ 　　　　　　　　　　　　填寫日期：　年　月　日

感謝您購買本公司出版品。為提升我們的服務品質，請惠填以下資料寄回本社【或傳真(02)2367-1457】提供我們出書、修訂及辦活動之參考。您將不定期收到本公司最新出版及活動訊息。謝謝您！

姓名：_____　　性別：1□男　2□女

職業：1□教師 2□學生 3□上班族 4□家庭主婦 5□自由業 6□其他____

學歷：1□博士 2□碩士 3□大學 4□專科 5□高中 6□國中 7□國中以下

服務單位：_____　部門：_____　職稱：_____

服務地址：_____　電話：_____　傳真：_____

住家地址：_____　電話：_____　傳真：_____

電子郵件地址：_____

書名：_____

一、您認為本書的優點：（可複選）

　❶□內容 ❷□文筆 ❸□校對 ❹□編排 ❺□封面 ❻□其他____

二、您認為本書需再加強的地方：（可複選）

　❶□內容 ❷□文筆 ❸□校對 ❹□編排 ❺□封面 ❻□其他____

三、您購買本書的消息來源：（請單選）

　❶□本公司 ❷□逛書局⇨_____書局 ❸□老師或親友介紹

　❹□書展⇨____書展 ❺□心理心雜誌 ❻□書評 ❼其他_____

四、您希望我們舉辦何種活動：（可複選）

　❶□作者演講 ❷□研習會 ❸□研討會 ❹□書展 ❺□其他____

五、您購買本書的原因：（可複選）

　❶□對主題感興趣 ❷□上課教材⇨課程名稱_____

　❸□舉辦活動　❹□其他_____　　　（請翻頁繼續）

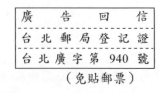

（免貼郵票）

 **心理出版社** 股份有限公司
台北市 106 和平東路一段 180 號 7 樓

**TEL:** (02) 2367-1490
**FAX:** (02) 2367-1457
**EMAIL:psychoco@ms15.hinet.net**

沿線對折訂好後寄回

六、您希望我們多出版何種類型的書籍

❶□心理 ❷□輔導 ❸□教育 ❹□社工 ❺□測驗 ❻□其他

七、如果您是老師，是否有撰寫教科書的計劃：□有□無

書名／課程：＿＿＿＿＿＿＿＿＿＿＿＿＿＿＿＿＿＿＿＿＿

八、您教授／修習的課程：

上學期：＿＿＿＿＿＿＿＿＿＿＿＿＿＿＿＿＿＿＿＿＿＿＿＿

下學期：＿＿＿＿＿＿＿＿＿＿＿＿＿＿＿＿＿＿＿＿＿＿＿＿

進修班：＿＿＿＿＿＿＿＿＿＿＿＿＿＿＿＿＿＿＿＿＿＿＿＿

暑　假：＿＿＿＿＿＿＿＿＿＿＿＿＿＿＿＿＿＿＿＿＿＿＿＿

寒　假：＿＿＿＿＿＿＿＿＿＿＿＿＿＿＿＿＿＿＿＿＿＿＿＿

學分班：＿＿＿＿＿＿＿＿＿＿＿＿＿＿＿＿＿＿＿＿＿＿＿＿

九、您的其他意見

謝謝您的指教！　　　　　　　　　　　　　　　33021